五重塔はいかにして蘇ったか

初夏の室生寺五重塔（平成10年9月の台風で損壊する以前の姿）

美しい姿を取り戻した
五重塔
（平成12年9月、わずか2年で
修復された）

台風で損壊した五重塔
（台風7号でなぎ倒された杉の
大木が、五重塔に倒れかかった）

木と語る匠《たくみ》の知恵

―室生寺五重塔はいかにして蘇ったか―

松田敏行

祥伝社黄金文庫

『室生寺五重塔　千二百年の生命』改題

まえがき――「木の文化」に込められた日本人の驚くべき知恵

私は長い間、文化財の保存修理の仕事をしてきました。この世界に入ってからもう五〇年を越えます。他でもない奈良の地で、「古《いにしえ》の木造建築」の保存修理の仕事を続けてこられたのは実に幸せなことでした。

奈良は、日本人の心の故郷と言われてきたところです。大和《やまと》、飛鳥《あすか》、斑鳩《いかるが》などの地名からして遠い郷愁を誘うものがあり、この地を訪れる人々は皆、心が安らぐのを感じると言います。何年、何カ月などというあわただしい時間とは違う時が、この地には流れているからです。そして、ゆったりとした時の流れの果てに、数々の美しい、あるいは豪壮な社寺建築が、この地に残されました。

古建築には、古《いにしえ》の時代から培《つちか》われてきた「日本人の深い知恵」、現代では忘れられがちな「木の文化」が込められています。それは驚くべき知恵です。かつての日本人は、おそらく世界のどこの国の人々よりも、木の美しさ、やさしさ、強さを知っていたのではないかと思います。その中から日本の木造建築のすぐれた技術が生まれたのです。

たとえば、室生寺《むろうじ》五重塔です。詳しいことは本文に譲《ゆず》りますが、室生寺五重塔は、「女人高野《にょにんこうや》」と言われてきた室生寺にふさわしく、まことにやさしげな姿をしています。だが、やさしげであると同時に強い塔でもあります。この塔を建てた千二百年前の匠《たくみ》たちが、木の使い方に深い知恵を凝《こ》らしていたからです。

長い時の流れに比べれば、私の五〇年の経験など取るに足りないものでしょう。しかし、たとえ、そうであっても、世界に誇る「日本の木造建築技術」を少しでも多くの人に知っていただければ、先人が残してくれた貴重な遺産を次の世代に受け渡していく上で、いくらかはお役に立つことができるのではないか。そう思い立って、この本をまとめてみました。

この本を読んで、もう一歩踏み込んだ興味を社寺建築に持っていただければ幸いです。

文化財保存技術者　松田敏行《まつだとしゆき》

目次

3章　歴史を映し出す「木造建築」の魅力
――時代とともに姿を変え続ける建物を追って

●取材・構成…井出耕也
●地図作製……エルフ
●年譜作製……日本アートグラファー
●写真・図版協力
(株)飛鳥園　カバー、口絵カラー(表、裏左)
本文P53、71、85、107、109、113、115、117下、119、171
読売新聞大阪本社　口絵カラー(裏右)、著者写真
奈良県教育委員会　本文P25、27、31、43、45、57、61、77、117上、143、
149、155、159、163、165、167、181、185、187、193、197、199
奈良文化財研究所　本文P89

1章

室生寺《むろうじ》五重塔——千二百年の「生命《いのち》」と「美」の秘密

——小さな塔は「知恵の宝庫」だった

弘法大師《こうぼうだいし》が一夜で建てた五重塔

室生寺《むろうじ》というお寺をご存知でしょうか。室生寺は奈良の市街からいったら、南東の山の中にたたずむ、由緒《ゆいしょ》ある山岳寺院です。役行者《えんのぎょうじゃ》の開創、あるいは弘法大師の再興、また、興福寺《こうふくじ》の高僧だった賢憬《けんけい》が創建したとも伝えられていて、金堂《こんどう》や五重塔などを伽藍《がらん》に配置し、創建以来、千二百年以上の時を刻む寺院です。

文化財としても、たいへんに価値が高い。釈迦如来立像《しゃかにょらいりゅうぞう》、十一面観音菩薩《ぼさつ》立像、釈迦如来坐像《ざぞう》や、金堂、本堂、五重塔などが国宝に指定されている、文化財の宝庫のようなお寺さんです。

真言宗《しんごんしゅう》の総本山として名高い高野山《こうやさん》は長い間、女人《にょにん》禁制の地として知られていましたが、室生寺は徳川時代に将軍綱吉《つなよし》の生母、桂昌院《けいしょういん》が帰依《きえ》したこともあって、同じ真言宗でも早くから女性の参拝を許すようになり、その頃から、誰ともなく「女人高野《にょにんこうや》」と言うようになりました。

まさに世界遺産の古都を代表する寺のひとつであり、古《こ》建築としてもたいへんに価値のある建物なのです。また、豊かな自然にも恵まれて、桜や石楠花《しゃくなげ》が咲き乱れ、秋には紅葉に包まれて、それは見事なたたずまいを見せます。

その中でも五重塔は、今から千二百年ほど前に弘法大師が一夜で建てたという伝説が伝わっている、それはそれは美しい塔です。どう言うたら、あの塔の美しさをわかっていただけるか。

五重塔にしてはほんまに小さい、かわいい塔です。だけど、小さい塔でありながら、どこまでもやさしく人を包んでくれる、そんな芯の強さを備えている、やさしいおなごのような塔です。それもただのおなごやないですね。天女《てんにょ》ですね。天から舞い降りた天女が両手を広げて私ら人間を迎えてる。そんな姿です。

そういう美しい塔が台風で壊れ、傷ついた姿をさらすことになった。室生寺五重塔の痛々しい姿を目にした時は、たまらん気分でしたよ。ほんまにむごい姿でした（口絵参照）。

そんなことが起こったのは、平成十年九月二十二日の昼過ぎでした。台風7号の大風が吹く中で、私はいつものように事務所で図面《ずめん》を引いていました。昭和二十六年から平成五年まで、奈良県庁の職員として文化財の保存修理の仕事をしてきたのですが、あの台風の頃にはすでに県庁を退職して、建築士事務所の「松田社寺《しゃじ》企画」を設立し、あの日の昼頃も家で仕事をしていたのです。

奈良にもたまに大きな台風が来ますが、平成十年の台風7号の風は別格やった。だんだん風が強うなって、そのうち、仕事をしている部屋のガラス戸が強い風に押されてぶわっと内側に膨《ふく》らむようになった。そんなん見たのは私も初めてでしたわ。これはあかんと思って、慌《あわ》てて雨戸を閉めたほどやった。

「目通《めどお》り」一・四メートルの大木をなぎ倒した台風

その翌朝のことでした。新聞の一面に、室生寺五重塔の痛々しい姿が出ていたのです。テレビも大騒ぎでした。室生寺は室生山の斜面にあるお寺さんです。森に包まれて五重塔や金堂などの伽藍が配置されている。五重塔も森に囲まれて建っています。台風はその森の木々を十数本もなぎ倒して、そのうちの一本が五重塔に倒れかかって、西北側の庇《ひさし》を上から下まで壊してしまったのですわ。倒れた木々の大半は根こそぎでやられていました。

千二百年もの長い間には、戦乱もあったし、大きな自然災害もあったはずなのに、あの塔は不思議に大きな損傷をこうむることなく建ち続けてきたのです。あれほどの壊れ方をしたのは、創建以来と言ってもいいでしょうな。

室生寺五重塔は高さ一六・一メートルしかない。日本一小さい、かわいい五重塔です。他の五重塔はずっと大きい。もっとも大きいのは京都・東寺《とうじ》の五重塔で約五四・八メートル、それに続くのが奈良・興福寺の五重塔で五〇・八メートル。世界最古の木造建築でもある奈良・法隆寺《ほうりゅうじ》の五重塔だって三二・四五メートルの高さがある。室生寺五重塔は東寺の五重塔に比べたら三分の一、法隆寺のそれに比べたら二分の一しかありません。

小さいほうの日本一では、奈良・海竜王寺《かいりゅうおうじ》にある五重塔の四・〇一メートルというのがありますが、これは海竜王寺の西金堂《にしこんどう》に納められていますから、屋外に建っている塔としては、室生寺五重塔が一番小さいのです。

その可憐《かれん》な塔にスギの大木が倒れかかったのですから、たまったものやない。倒れたスギは樹齢六百五十年ほどの大木です。木の太さを言うときは「目通り《めどお》」いくらいくらという言い方をします。人間が自然に立った時の目の高さのところで直径がどれぐらいあるか言うわけです。その言い方にすると、この木は目通り一・四メートルで、全長五〇メートルもありました。ものすごい大木やった。

その大木が西からの強風で根のところから倒れて、五重塔の西北の隅の庇を上から下までバリバリと壊しながら倒れおった。ただ、不幸中の幸いだったのは、まともに倒れてこなかったことやった。かろうじて塔の「心柱《しんばしら》」をはずして倒れてくれた。もし、心柱までやられていたら、それこそたいへんなことになっていたでしょう。

心柱というのは五重塔の真ん中を貫いている柱のことです。さしもの台風も、この貴重な塔を根こそぎ倒せなかった、心柱に直撃しなかったのは、やはり、お大師さんのご利益《りやく》ということになるのかもしれませんな。

白羽《しらは》の矢が立った「巡《めぐ》り合わせ」の不思議

結局、私がこの五重塔の修復工事を手がけることになったのですが、塔が壊れたと知った時には、まさか、ほんとうに私のところにこの仕事がまわってくるとは思いもしませんでした。役所に在職しているのならいざしらず、すでに私は民間の一建築家です。社寺が専門とは言え、国宝の修復工事の指揮を執《と》るのはちょっと難しいやろと思っていたんです。

私はいわゆる宮大工《みやだいく》ではありません。修復工事の方針を立てて図面を書き、宮大工やいろいろな職人たちを指揮して工事を進める技術者です。工事が終わったあと、役所に提出する修理報告書をまとめるのも私たち技術者の仕事です。しかし、奈良のようなところでは、国宝を修復するような仕事は民間の技術者にはなかなかまわってこないようになっているんですわ。

国宝や重要文化財が多いのは何といっても奈良、京都を中心とする近畿地方です。このため、奈良、京都、滋賀、和歌山では、府庁や県庁に文化財の修復工事を担当する部署が置かれていて、奈良の場合は文化財保存事務所が担当しています。そして、国宝の修理工事などは府県が発注者となって行ないます。ですから、府県にも技術者がいるわけで、室生寺五重塔の修復工事も普通なら県の技術者が担当します。

ところが、この時は、どういう巡《めぐ》り合わせやったのか、県の技術者がみんな他の現場を抱えていて、新しい現場に入る余裕がなかったんやね。それで、経験のある私に白羽《しらは》の矢が立ったというわけです。言葉は悪いがシメシメと思いましたね。社寺建築に関わっている人間やったら、誰でも国宝、重文に触ってみたいもんです。いや、触るというのはただ手で触れるということではありませんよ。

修理をするとなったら、まず、調査をします。とくに現存の建物を全解体するような大がかりな修理工事になると、解体の段階で、どんな小さな釘跡《くぎ》、ノミ跡も見逃さないような徹底的な調査をします。触るいうのはそういう意味です。

この調査でいろいろなことがわかる。昔の宮大工がどんな仕事をしたかということも如実《にょじつ》にわかるし、建物がどんなふうに変わってきたかということもわかる。これが私たちの仕事の醍醐味《だいごみ》なんです。見ているだけではわからないこともわかるし、時には、外側から見ただけでは想像することもできなかったような事実が出てくることもあります。私が長い間、文化財になっている建物の修理の仕事をしてこられたのも、半分はそんな面白さに引っ張られてきたようなものですわ。

室生寺が大きな被害を受けたということで、すぐに文化庁の方も調査に来ました。その調査には県の技師たちも何人か参加しました。しかし、その調査には私は行っていません。テレビのニュースで見たぐらいです。それから半月ほどして、県から電話があり、ちょっと見てくれということだったので、初めて現場に行ったのです。五重塔は仮の覆屋《おおいや》に囲われていました。壊れた後、すぐに囲ったそうです。つぶれたところを雨ざらしにしておくわけにもいかないし、むごたらしい姿を人目にさらしたくないという気持ちもあったと思います。

直せない建物はないんです

私がこの仕事を引き受けると、何人もの知り合いから「あんなに壊れたものが元通りになるものでしょうか」と質問されました。みんな文化財修理をよく知らない人です。それだけに心配になる気持ちもわかるのですが、直るか直らないかと言われたら、それは考えるまでもない。直るに決まっているんですわ。

少々つぶれたって何とかするのがわれわれの仕事や。それができなかったらプロやない。だから、直すこと自体は何でもないことなのです。肝心《かんじん》なのは、じゃあ、どうやって、どういう方法で直すかということです。そこが文化財になっている建物を修理する時の勝負どころなんですわ。

ただ、室生寺の五重塔のように、いきなり壊れて、さあ、何とかしなくてはいけないということになるのは、そんなにたびたびあることやないのも事実です。

文化財修理の仕事はただの修理ではなく、保存修理と言います。本来は、保存のための修理なんですわ。建物が建ってから百年、二百年、三百年と年月が過ぎていくうちに、雨漏りもしてくるだろうし、ゆがんでくるところもあるだろうし、そろそろ手を入れようかということになります。それが保存修理です。

それもやり方はいろいろある。屋根替えですむか、もう少し大がかりに部分修理までやるか、それとも、柱の礎石《そせき》まで全部掘り起こして、全面的に解体修理をするか、それを決めるのが保存修理の仕事の第一歩なんです。

だから、保存修理は建物の具合を見ながら、そろそろ手をつけるかということで始まるのが普通なんであって、台風で壊れたから、さあ、すぐに直さないといけないというようなことは滅多にないことなんです。

そういうわけで、工事を担当できたのは嬉《うれ》しいし、直す自信はもちろんないわけやない。だけど、いざ取りかかってみると、だいぶ悩むことになりました。まず、九月の台風で壊れたのですから、予算の関係もあって、とにかく早く工事の方針を決めないとあかん。半年やそこらでこの修理工事が終わらないことは一目見ればわかるし、そうなると、次の年の予算にもかかってきます。しかし、修理方針が立たないと予算も立てようがないし、工事にかかることもできへん。

それに、年が明けたらすぐに工事にかかってほしいというのが文化庁や県、お寺さんの意向やった。当時の小渕《おぶち》首相もお寺さんに電話をかけてきて「国としてもできるだけのことをする」と言ってくれてました。だが、そこで大問題になったのが、塔が小さいということや。塔の小ささが修理方針を決めるのに一番の難題になった。

五重塔の各層は下から初重《しょじゅう》、二重、三重、四重、五重と呼びますが、上に行くにしたがって各重は小さくなっていく。ところが、室生寺の五重塔は元々小さいですから、一番上にある五重の胴の幅はかなり狭い。両端の側柱《がわばしら》の芯から芯までの間隔は四尺八寸しかないのです。ほんの一間《けん》足らずです。メートル法で言うと、約一・五メートルです。そこに持ってきて、両端の側柱の間に、太さ二三センチの側柱が二本、ポンポンと入っているる。これでは人間の体どころか頭も入りません。その下の四重も同じようなものです（25ページ参照）。

しかし、修理するとなったら、どうしても中のほうの部材までいじらざるをえないが、外からでは手が入らない。そうなると、普通なら全解体ということになるところや。また、どんなふうに建てているか詳しく調べることを考えても、全解体したほうがいいということになります。だが、全解体はできたら避けたい。それが発注側の考えでした。全解体するということになったら、こんどは、また別の問題が出てくるからです。

解体するにあたっては、もちろん慎重の上にも慎重に、元からの部材を傷《いた》めないように作業をするのですが、そうは言っても、まったくどこも傷めないというのは難しい。ある程度は傷めないとはずせないような部材もあるわけです。人間を手術するのと一緒で、どこか切ったり、動かしたりすれば、多少なりとも傷ができるのは避けられないのです。室生寺五重塔でも、できることなら全解体は避けようというのが文化庁と県の基本方針でもありました。

そうなると、人間の頭も入らない五重、四重は、これは他に方法がありませんから解体するとして、その下にある三重、二重、初重は解体せず、そのままで修理をすることになるわけやね。

しかし、下三層を解体しないでどうやって修理をするか。これには私も首をひねりました。たとえば、屋根の四隅《よすみ》には「隅木《すみぎ》」（左ページ参照）が斜めに入っている。その隅木が折れているのですから、折れた隅木をはずさないと修理できない。しかし、隅木の上には屋根が載っている。また、斜めに入っている隅木がずり落ちないように釘で留めている。

五重部分を上から見た図(平面図)

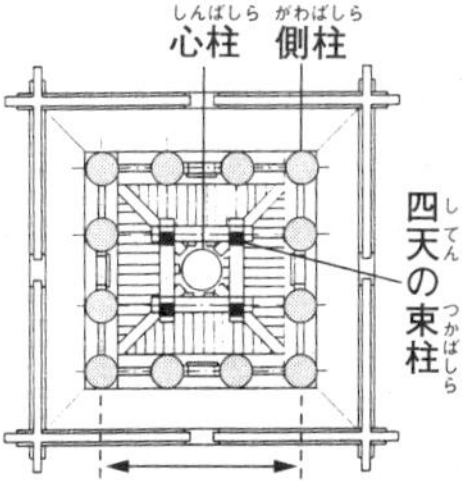

心柱のまわりに四天の束柱が建つ。それを太さ 23 センチ、12 本の側柱が取り囲む

五重部分の天井を下から見上げた図(見上図)

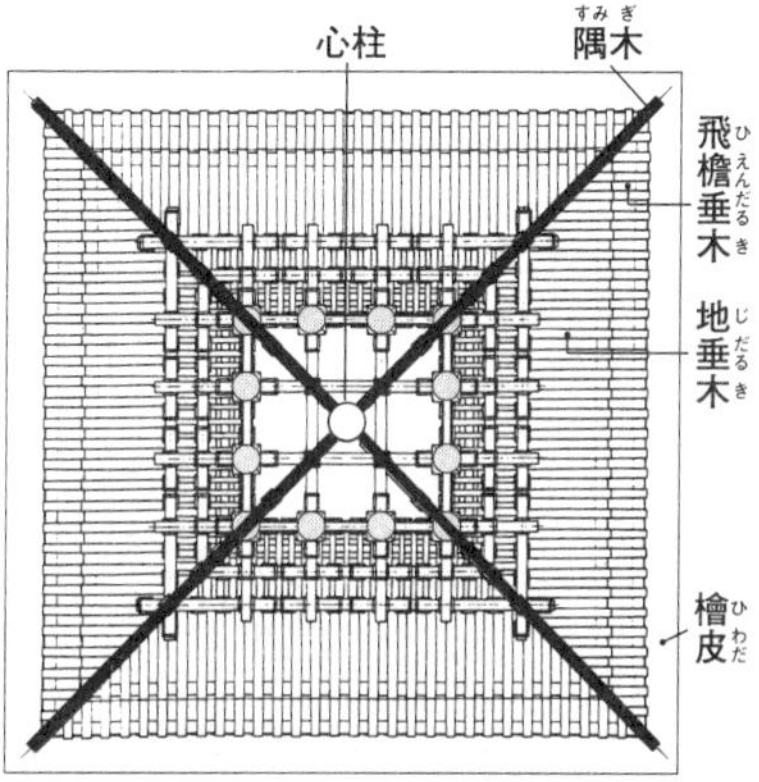

心柱から四隅《よすみ》に向かって、4 本の隅木が入っている(黒線部分)

それも大きな釘です。二八センチもあります。外から引っ張ったぐらいで、はずせるようなものやないんです。

さあ、五重塔の下三層を解体しないで、どうやって下三層の隅木をはずしたらいいやろか。これには誰でも首をひねるでしょう。ちょっとやそっとでは答えが見つからない。まさに難問です。私が悩みに悩んだのもそこでした。

毎日、毎日、考えましたわ。それこそ寝ている間も考えた。いや、そういうのは別に珍しいことやないんです。私だけやなくて、誰でも同じだと思うのですが、仕事に集中していれば寝ている間も考えてしまうものやし、夢にも出てくるものや。また、夢に出てくるぐらいでなければあかんと思いますね。

仕事で一番肝心《かんじん》な「見極《みきわ》め」

室生寺五重塔をどうやって修理するか、どうやって元の美しい姿を取り戻すか。その答えが出たのも夢の中でした。夢に具体的な情景が出てきたわけやないのですが、ある日、寝ている最中に、ああ、これや、これでいけるというイメージみたいなものがぱっと閃《ひらめ》

五重部分・断面図

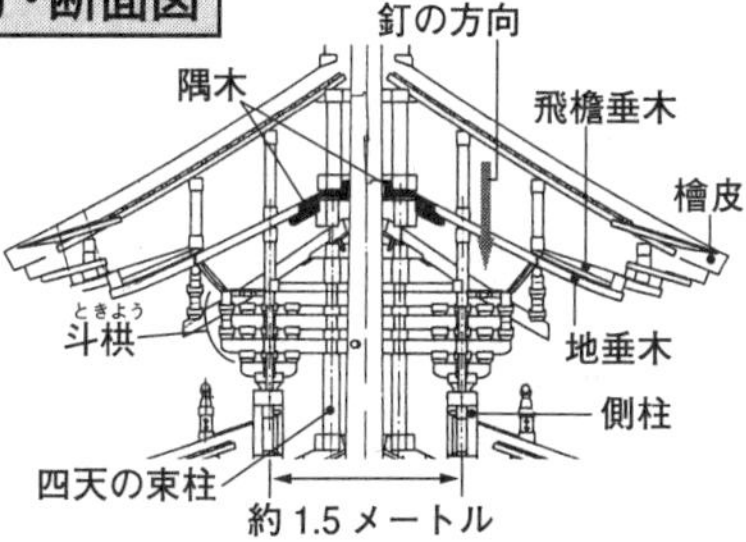

隅木は地垂木と同じ勾配《こうばい》で四隅に入るため、断面図では木口《きぐち》だけが書かれている

五重塔断面図

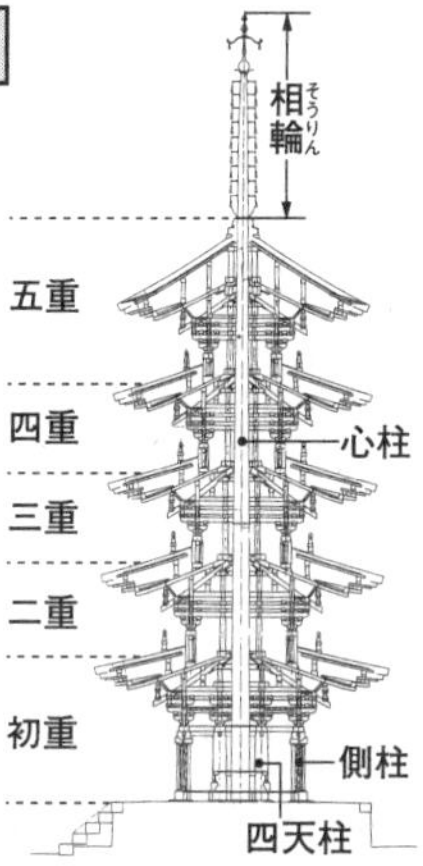

初重のみ「四天柱」、二重から上は「四天の束柱」と言う

いた。そうや！　ジャッキや。ジャッキを使えというイメージです。ジャッキで持ち上げて作業に必要なだけの空間を確保し、その空間を使って作業をする。これなら解体しないでもできるわけや。

ジャッキで塔を持ち上げると聞くと、貴重な文化財になんと乱暴なことをすると思う人もいるやろね。それも当然といえば当然や。塔にはそれなりの重さがあります。それも軽いものやない。柱一本だって相当重いものですよ。それだけの重さがあるものを、ジャッキで持ち上げたりしたら、どこか傷めやしないか、歪《ゆが》みでも出やしないかと心配になるのが普通でしょ。実際、五重塔をジャッキで持ち上げて修理したなどという前例はどこにもない。だけど私には、大丈夫だ、これでいけるという自信がありました。

これは一種の「見極《みきわ》め」なんです。仕事でも何でも物事は見極めが肝心です。見極めが悪いと物事はうまく運ばないものや。たとえば、こういう手段、方法でやれば、うまくいくやろということまでは思いついても、それでうまくいかなかったら取り返しがつかないことになる、などと考え出すようでは、なかなかやれるものやない。人間なんてそんなに強いものやないですからね。そこで、往々《おうおう》にして、少し余裕を見込んで、次善《じぜん》の策でいこかということになる。そして、実際に次善の策でやってみると、もともと妥協の産物の策ですから、考えたようには物事が進まず、結局、たいして効果がなかった。そんなことになりがちです。

だけど、自慢するのではありませんが、室生寺五重塔をジャッキで持ち上げて修理するということについては、私は絶対に大丈夫だという見極めをつけることができた。それがあったからこそ、やろうと思ったのです。私には、その見極めの裏付けとなる経験がありましたからね。仕事の夢を見るぐらいでちょうどいいと言いましたが、そうは言っても、夢というものは何もないところから出てくるものやないんです。夢に出てくるには、集中力とともに、夢に出てくるだけの理由や裏付けがないとあかん。夢でジャッキが閃いたのも経験があったからです。

大峯山寺《おおみねさんじ》本堂での「修行」が教えてくれたアイディア

前にジャッキを使ったのは、俳人曾良《そら》の「大峰や　吉野の奥の　花の果て」などの句でも知られる大峯山寺本堂の修理工事でした（昭和五十八年から昭和六十一年）。大峯山寺は修験道《しゅげんどう》の祖、役行者《えんのぎょうじゃ》が開いたと言われる有名な寺です。奈良市街から七〇キロほど南の大峰山という山の中にある山岳寺院で、本堂は、標高一七〇六メートルの険しい山頂にある、修験道の聖地です。現在の本堂は、江戸幕府五代将軍綱吉《つなよし》の時代の元禄《げんろく》の頃に再建されたものです。

この工事には苦労しましたわ。修験道の行者《ぎょうじゃ》が修行に登る山ですから、車が通るような道路など、どこにもあらへん。ふもとの天川村《てんかわ》洞川《どろがわ》というところから登るしかない。その登山口から山頂まで二時間半の山登りです。重い資材は、全部、ヘリコプターで持ち上げました。

そして山頂にプレハブの宿舎を建て、五月から十一月まではそこに泊まり込んで工事をしました。十二月から四月までは雪が深くて作業ができませんから、その間は下に降り、雪がなくなったら、また山にこもる。そんな厳しい土地、気象条件に加えて、女人禁制の山ですから、女性は一人もいない。宿舎の賄《まかな》いの人まで男です。男ばかりで山にこもって仕事をするのですから、われわれのほうも修行に来たようなものやったですね。

この大峯山寺の修理工事をすることになって調査をしてみたら、柱の根の腐《くさ》ったのがだいぶありました。柱の根元が腐っているのですから、普通なら全解体修理ですよ。だけど、ただでさえ条件が悪いところだから、全解体などということになったら、ますます工

大峯山寺本堂の〝修行〟が、室生寺五重塔の修理に生かされた

期が延びてしまう。そこで全解体せずに半解体で何とかできないかということで、知恵を絞《しぼ》って考え付いたのがジャッキを使うことやったのです。この時はジャッキを何基《き》も地面に据《す》えて、屋根を持ち上げ、柱を引き抜いて腐っているところを修理しました。

この経験があったから、室生寺五重塔もジャッキでやれるのやないかと閃いたわけですが、さらに、私は役所に入りたての頃に薬師寺《やくしじ》東塔《とうとう》の修理工事をしたことがあって、その経験も生きた。これはそんなに大がかりな工事ではなかったのですが、この時は薬師寺に通いつめて、だいぶ詳細な図面を作りました。それで塔というものについて私なりの知識もあった。

五重塔でも三重塔でも同じですが、昔の塔は各層がしっかり部材を組み合わせて作られている。しかも中心にある心柱は、各層とは直接、接しているところがない。塔のてっぺんには相輪《そうりん》という飾りが立っていますが、その相輪の根っこの「露盤《ろばん》」のところで建物と接しているだけです（53ページ参照）。

その下の各層は下から上に積み重なっている。この構造が地震にも負けない強靭《きょうじん》さの秘密でもあるのですが、こういう構造になっているから、ひとつの層をまるごと持ち上げても、下の層には影響が出ないはずなのです。かっちり作られた木組《きぐ》みのブロックを持ち上げるだけですからね。

ただ、それでも問題だったのは、じゃあ、どうジャッキをかませるかということです。大峯山寺では地面にジャッキを据えましたが、これは室生寺五重塔では、そのまま使えません。こんどの相手は塔ですから、地面にジャッキを据えたら、持ち上げる層とジャッキの距離が離れてしまって不安定になる。一番心配なのは地震でした。ジャッキを使って持ち上げている最中に地震が来たら、どんなことになるかわからない。そこでこんどは各層ごとに工事用の床板《ゆかいた》を作り、その上にジャッキを据えることにして、これで修理方針がぴしゃりと決まった。

九月二十二日に塔が壊れて、それから二週間ほどして、私が修理工事を担当することになったわけですが、十月中はジャッキをどう使うか、そればかり考えていましたわ。国宝の修理工事やから、国からもお金が出る。その予算を取るためには、十二月には書類を国に出さないといけない。よし、これで行こうと固まったのが、結局、平成十年の十月末か十一月初め頃で、十一月末には修理工事の設計書を書き上げてしまい、一月から工事開始にこぎつけることができた。

五重塔の修理工事としては、まったく前例のない工事方法やったのですが、文化庁からも県からも異論は出ませんでした。こういう仕事は大勢の人間が寄って、ああしよう、こうしようと相談しながらやるものではありません。この人間に任せるということを決めたら、任せたほうがええんですよ。この工事でも、工事方法から予算から全部、私一人で決めて設計書を書き上げました。

ヒノキの丸太だから支えられた、五重塔「六トン」の重み

工事は、まず、仮の覆《おお》いを全部はずして、素屋根《すやね》をかけました。素屋根は修復工事のために、五重塔をすっぽりと包むように覆うものです。そして素屋根に囲われた各層ごとに丈夫な床板を張り、作業する人間は、この床板を足場にして仕事をしていきました。床板をしっかりしたものにしたのは、そこにジャッキを据えるからです。床板を支える柱も丈夫なものにしました。ジャッキアップする時、柱にもかなりの重量がかかりますからね。

素屋根ができたら、いよいよ解体調査が始まります。折れ曲がった相輪《そうりん》を取り外し、その下の五重を解体して、さらに四重を解体する。それがすんだら、ジャッキの出番です。

ジャッキは二度使いました。一度目は二重のジャッキアップ、二度目は三重のジャッキア

ップですわ。

二重をジャッキアップする時は、その上に三重を載せたまま持ち上げるわけですが、この時の重さが約六トンです。これは計算すればちゃんと数字が出ます。だから、それに耐えられるように素屋根を組んだ。床板は三〇トンくらいまで乗っても大丈夫なように作りました。工事を見学に来た人たちにも、この床板の上に乗ってもらったのですが、一度に五〇人や六〇人ぐらい乗ってもびくともせんかった。それぐらい丈夫に作った。

素屋根は、最近は鋼材《こうざい》で組むことも多いのですが、この工事では丸太を使いました。丸太は全部で一二〇〇本です。すべてヒノキを使いました。ヒノキがやっぱり一番強いんです。太さは直径七、八センチのものが中心で、一番太いのは一二、三センチのものです。丸太は強いのです。これぐらいの太さなら充分ですわ。とくに縦の荷重《かじゅう》に対して強い。鋼材にも負けません。また、昔から使い慣れている。

それから、現場が急な石段の上にありますから、下から上げるのは人間の肩を使うしか方法がないということもありました。鋼材では重くてかないません。丸太は一本、一本、全部、人間の肩に載せて急な石段を登り、運び上げました。

ジャッキアップは床板の上にジャッキを据えて、塔のほうには、太い丸太を四方から二本ずつ井桁《いげた》に組む格好で通して、この丸太をジャッキで持ち上げていくという方法でやりました。太さ三〇センチ、長さ八メートル。やはりここでもヒノキの丸太です。これぐらいの太さのヒノキなら一本だけでも六トンぐらいの重さのものを持ち上げられます。それを四本使った。強度的には充分すぎるほど充分なものを考えたわけです。

ジャッキのほうは一二基です。まず丸太の両端で使いますから、それだけで八基。さらに四隅の隅木のあたりにそれぞれ一基ずつで四基。これで合計一二基になりますね。この隅木は長さ二八センチの「角釘《かくくぎ》」で留めてあります。

しかも、この釘は心柱に近いところにあって、手が届きません。だから、ジャッキアップを利用して隅木の釘を引き抜いた。釘が抜ければ外から隅木を引き抜くことができますからね（27ページ参照）。

室生寺五重塔もこれまでに何度か修理されていますから、部材も全部が全部、創建当時のままではないのですが、それでも、創建当時のままと思われる角釘もいくらか残っていました。角釘というのは「和釘《わくぎ》」のことです。今みなさんがよく目にする丸い釘、洋釘と違って、一本一本職人が鍛錬《たんれん》した釘ですから、何百年も保《も》つんです。創建当時の釘といえば千二百年前の釘です。なかなか立派な釘で、これはちゃんとお寺さんのほうで保管してもらっています。

ジャッキの作業には準備だけで、四、五日かけました。屋根の檜皮《ひわだ》を全部取り払って、柱と柱の間にヒノキの丸太を通し、準備がすんだところで、この丸太にジャッキをかませて、北側を一センチ持ち上げたら、次は南側を一センチ持ち上げるという具合で、ゆっくり、ゆっくり、四〇センチほど持ち上げた。

持ち上げるだけで半日がかりの仕事でした。作業中に地震が来ることに備えて、ちょっと持ち上げたらストップをかけて、持ち上がった分だけ板木《いたぎ》をかませて安定させる。そんなこともしましたからね。

こうして、まず、二重と三重を持ち上げて、初重の屋根を直した。次に二重をまた元のように降ろして、こんどは三重を持ち上げて、二重の屋根を直し、それが終わったら三重を降ろした。三重の屋根は、上に載っている四重と五重が解体されていますから、ジャッキアップしなくても直せる。これで初重、二重、三重は解体しないで修理することができたわけです。ジャッキアップがすべて終了した時には、私もほっとしましたわ。今回の修理工事の最大の山場がジャッキアップやった。

「筋違《すじかい》」が使われた日本最古の建物

解体調査では新しい発見がいくつもありました。まず、五重塔の創建年代をかなりのところまで絞ることができた。これまでは奈良時代末から平安時代初期というところまでは推定できていたのですが、こんどは具体的な根拠に基づいて、平安時代初期の西暦八〇〇年頃と判明しました。

塔の柱と柱の間を厳密に測ってみたら、今の一尺（約三〇・三センチ）よりもちょっと短い尺を使っていることがわかった。今の尺にすると〇・九八三五尺（約二九・八センチ）、つまり一尺の長さが現代よりも短い。同じ一尺という単位でも時代によって微妙に違っているのですが、奈良時代に使われていた「天平尺《てんぴょうじゃく》」は今の尺にすると、〇・九七五尺（約二九・五センチ）やから、この塔はそれより後の時代の寸法《すんぽう》で建立《こんりゅう》されたと推定できるわけです。さらに、使われている部材の木が伐採《ばっさい》された時期も、これを裏付けるものでした。

最近は部材に使われている木がいつ頃に伐採されたものか、かなり詳しいところまでわかるようになっているんです。

年輪《ねんりん》は夏冬で間隔が違います。夏は木がよく育つから年輪の間隔が開きます。冬は反対に生長が鈍《にぶ》って間隔がせばまる。これを、「夏目《なつめ》」、「冬目《ふゆめ》」といいます。そして、夏の暑さも冬の寒さも毎年、毎年、違いますから、何十年、何百年という単位で見ると、毎年の気候変化に応じた年輪パターンができる。このパターンがわかっていれば、ある部材の年輪パターンを見て、これはいつ頃の木やということがわかるわけです。

この調査法は「年輪年代測定法」と言われていて、奈良国立文化財研究所が中心になって、二五、六年前から研究が始まり、最初にヒノキの年輪パターンが確定して、今はマキやスギについて研究が進んでいます。

この年輪年代測定法で、もっとも古いと思われる部材を鑑定《かんてい》してみたら、西暦七九四年頃に伐採されたものだとわかったのです。

建立年代は建築様式や部材の様子など、外見からもある程度は推定できます。しかし、いくらなんでも外見だけでは、何年頃に伐採した木を使っているというところまではわかりません。それが年輪年代測定法なら伐採した年まで見当がつく。

そして、伐採した木材を加工して塔を建てるまで六年くらいはかかったであろうということで、室生寺五重塔の建立時期を八〇〇年頃というところまで絞ることができたわけです。奈良時代は平城京遷都《へいじょうきょうせんと》の七一〇年から平安京遷都の七九四年までですから、八〇〇年頃というと、平安時代の初期ということになりますね。

それから、これはちょっと専門的な話になるかもしれませんが、なんと「筋違《すじかい》」が使われていたことがわかった。

筋違というのは柱と柱の間に斜めに渡して補強する部材で、これまでは鎌倉時代より前の建物では使っている例はなかったのですが、室生寺五重塔ではすでに平安時代初期から筋違を使っていたのです。これは新発見でした。私も驚きました。室生寺五重塔は、「筋違を使用した建物としては日本最古」やったのです。

室生寺五重塔は八〇〇年の創建以来、今回の台風による損壊までに二度の修理がされています。その修理の際に筋違ははずされていましたが、平安時代の創建時には二重から上に筋違を使っていたという痕跡《こんせき》がビシッときれいに残っていました。じゃあ、なぜ、そんなに早い時代に、室生寺五重塔に筋違が使われていたのだろうかということになるわけですが、それは少し後のほうで説明するとして、ここでは、その他の発見について説明しておきます。

建立《こんりゅう》当時の五重塔は「板葺《いたぶ》き」屋根だった

今の室生寺五重塔の屋根は「檜皮葺《ひわだぶ》き」です。檜皮とは、ヒノキの皮を剝《は》いだもので、それで屋根を葺《ふ》いたものを檜皮葺きといいます。しかし、建立から室町時代頃までは板葺きだった可能性が非常に濃いということがわかりました。あの檜皮の屋根の柔らかい線が室生寺五重塔のやさしい姿を作り出しているとも言えるのですが、実はそれは当初の姿ではなかったようなのです。当初の屋根は今のような厚みがなくて、板葺き屋根の無骨《ぶこつ》な姿やったわけです。

今回の修理では檜皮も全部剝がしたのですが、剝がしてみてわかったのが、三重と四重の創建当初から残っていた「側柱《がわばしら》」の、厚い檜皮葺きで隠れていた部分とその上の表に出ている部分の風食《ふうしょく》の度合が、意外にも、あまり違っていないということでした。もし、最初から檜皮葺きだったのなら、檜皮で隠れた部分はあまり風食が進まず、表に出ている部分は風食が進んでやせているはずなのです。それがあまり違わない。

ということは、当初は檜皮ではなかったのではないかと考えることができる。そして決定的だったのは、屋根の作り方です。軒先《のきさき》に平安時代には使われていなかった「裏甲《うらごう》」という化粧用の部材が使われていた（左ページ参照）。

裏甲が使われてくるのは鎌倉時代からです。しかも、この裏甲があるため、軒先が二〇センチほど長くなっている。裏甲の上に檜皮の端が乗りますからね。その他、いろいろなことを考え合わせると、当初は板葺きだったと考えれば説明がつく。もっと言うなら、それ以外には考えようがない。

建立当時の五重塔は板葺きで、軒の「出《で》」は今よりも小さかった。こう考えて、まず間違いのないところでしょう。そして、その他の調査と合わせて考えると、建立から七百年間ぐらいは板葺きで、室町時代にこけら葺きに変わったようです。檜皮はヒノキの皮を剥いだものを葺くのですが、「こけら葺き」はスギやサワラなどの薄い板を重ねて葺く屋根で、檜皮と同じように厚みがある屋根です。さらに、それから二百年ほどして、江戸時代の中頃に檜皮葺きに変わり、今のようなやさしい姿になった。そういうことだと思います。

桂昌院が熱心に帰依したのは、それよりも前ですから、桂昌院の時代の室生寺五重塔はこけら葺きだったわけですね。だけど、その頃から女人高野と呼ばれるようになったこと

創建当初の姿の手がかりは、三重、四重部分にあった

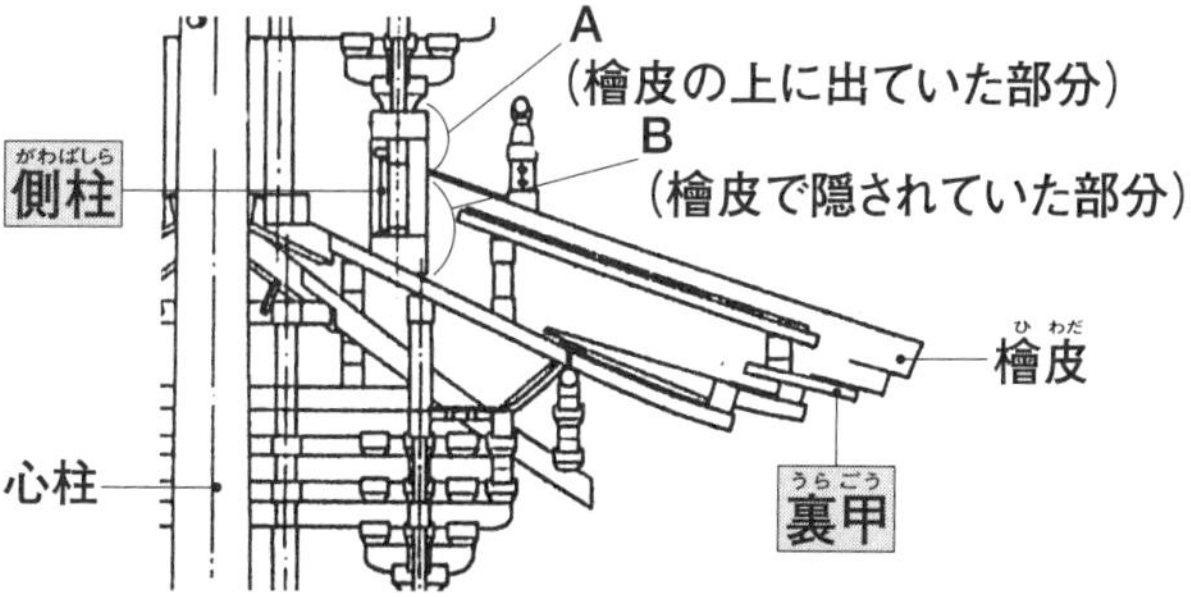

室生寺五重塔・四重部分拡大図

側柱のAとBの部分の風食の度合に違いがあまりなかった

もあって、女人高野という呼び名にふさわしいやさしい姿にするには、やはりぽってりした厚みがあり、柔らかな雰囲気の檜皮がふさわしいだろうということで、檜皮に変更されたと考えることができるわけです。

屋根の曲線とか柔らかさというのは、檜皮に勝るものはありません。板葺きをこけら葺きにした匠《たくみ》も、また、こけら葺きから檜皮葺きにした匠も、この塔を少しでも美しく見せてやりたいという気持ちがあったと思います。もちろん、お寺さんの意向もあったのでしょうが、屋根を変えることでここまで美しい姿を作ったセンスはたいしたものだと思いませんか。またそんなところからも、この塔に寄せる当時の人々の思いの深さが伝わってくるような気がしてなりません。当初は板葺きだったというのも、筋違が使われていたというのと同じくらいに、大きな発見でしたね。

創建当初の室生寺五重塔は「板葺《いたぶ》き屋根」だった
（当初推定復元図）

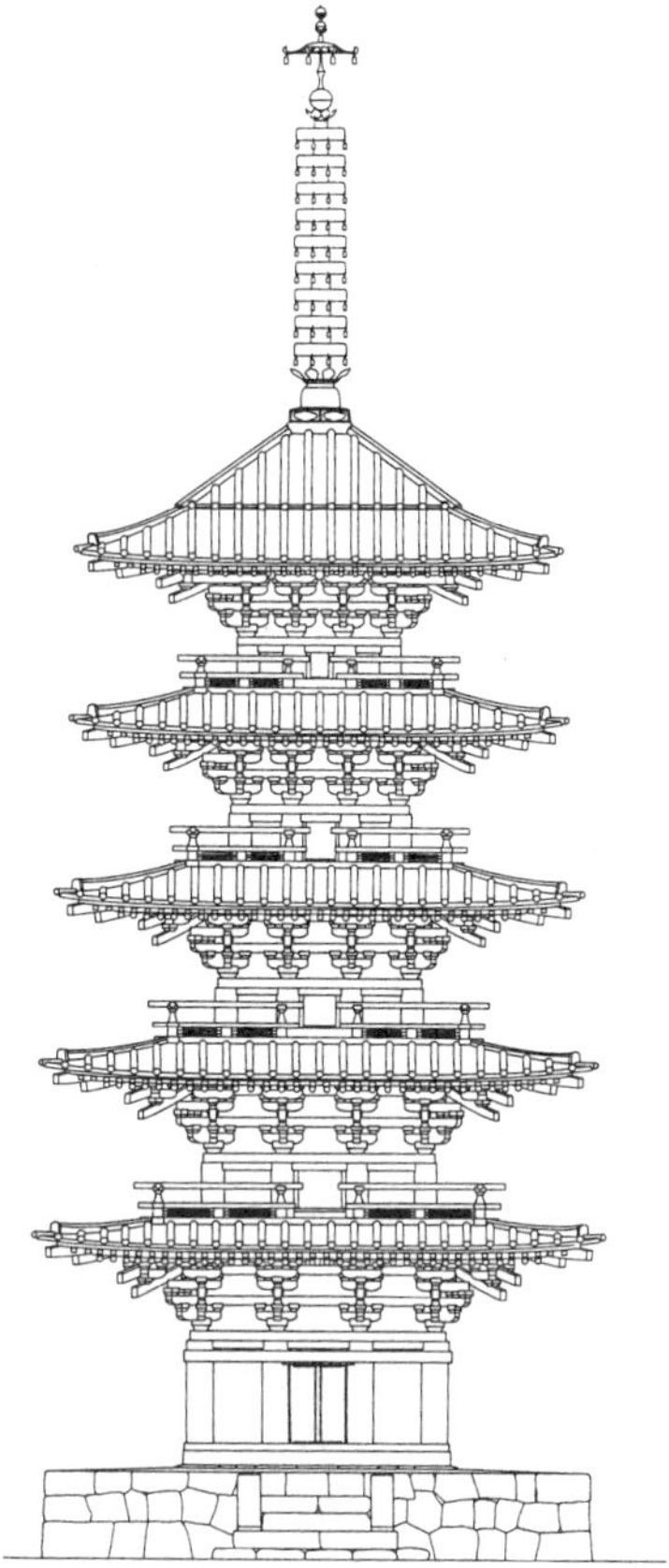

匠《たくみ》たちが守り、磨いてきた「美しさ」

室生寺五重塔は、建立された後これまでに二回、修理がされています。今回の修理が三回目ということです。それだけの修理が行なわれてきたからこそ、また、修理ができたからこそ、室生寺五重塔が今も残っていると言えます。このあたりも日本の伝統的な木造建築の素晴らしいところです。きちんと修理すれば千年でも保《も》つのです。それでいて、頑《がん》丈《じょう》一点張りというわけではなく、美しい姿をしている。だから、こういう建物は日本の宝物なんです。大事にしていかなあきません。

なぜ、修理ができるかというと、日本の建物は「木組《きぐ》み」で強度を出しているからです。釘をぜんぜん使わないというわけやないのですが、柱と梁《はり》が合わさるところとか、大事なところは木を組み合わせているだけです。そやから、地震にも強いし、どこか傷《いた》んだら、傷んだ部材だけ取り替えて、それを組み直せば、元通りになるわけです。修理や維持管理をきちんとやっていれば、千年でも保つようになっている。

コンクリートの建物ではそうはいきません。解体して傷んだところだけ取り替えて、また組み直すなどということは最初から頭にないんやね。傷んだら壊して新しい建物を建てることしか考えてない。そういうものですから、コンクリートでは何百年も保つような建物はようでけへんのです。

コンクリートばかりやないですね。最近の建物はどこかが傷んであかんようになったら、全部壊してしまって、新しいものを建てればええやないかという発想です。商売ということを考えたら、それはそれで都合がいいところもあるのでしょうが、その一方では、どんどん壊していけばゴミが出るわけで、どこぞの山奥に建築廃材《はいざい》がほかされ（捨てられ）ていたとか、いろいろ問題も出てくる。

日本の伝統的な木造建築は、傷んだ部材を取り替えれば、いくらでも使えるように最初からなっていた上に、ほんまに木を大事にしていた。それはもう頭が下がるというか。たとえ何かの都合でどこかを変更して、そこに使われていた部材が余ったとしても、簡単に捨ててしまうようなことをしないで、その部材を他のところで使っていることが多いのです。木っ端《こっぱ》のような細かいものでも大事に大事にしています。それだけ、ものを大事にする気持ちが強かったのでしょうが、木を手に入れることが簡単ではなかったということもあると思います。

今なら、角材でも板でも、製材所でどんどん製材されてきますから、古い木はほかせ、ほかせ、新しいさらの木をつこたほうが早いやないかということになっていますが、昔はそうはいかなかったのです。モーターやエンジンなんてないですからね。角材がほしければ、人間の手で丸太から切っていったわけですし、板も同じです。とにかく手間がかかった。そやから、どんな切れ端《はし》でも、それまでにかかっている手間を考えたら、とても簡単に捨てる気にはなれなかったのやろね。

なぜ五重塔の「三重と四重」は傷《いた》みが少ないのか

建物を長く保《も》たせようと思ったら、手入れを怠《おこた》らないようにしないとあかん。とくに気を使わないといけないのは、屋根をまめに掃除するということです。室生寺五重塔は鎌倉時代に最初の本格的な修理が行なわれていますが、この時の修理では、五重目だけは解体修理して、五重目の「垂木《たるき》」（軒を支える部材。27ページ参照）は全部新しいものに替えています。一番上にある五重は雨がよくかかるところですから、どうしても傷みが激しくなってしまうんです。その下の四重、三重は五重が傘になってくれますから、あまり傷まない。ところが、二重、さらに初重となると、こちらは地面が近いですから地面からの湿気や、排水が悪かったりすると、やはり傷みやすくなる。

私は建物の各部材を時代ごとに色分けして、図面にしていくということをよくするのですが、室生寺五重塔の各部材を色分けしてみたら、四重、三重は当初材がよく残っていましたが、初重、二重、五重はそうでもない。とくに五重は新しい部材が多くなっていました。傷みが少ないのは五重塔の中間のところなのです。

屋根は構造が複雑になっていますし、雨があたるところですから、屋根の溝や排水用の穴などにゴミがたまると、建物を傷めてしまうことが多い。日本の伝統的な建物の大敵はまず火、次が雨漏りですわ。そやから、昔の人も屋根には気を使っていました。手入れをしやすいように考えていたのです。室生寺五重塔のような小さな塔は別ですが、東寺《とうじ》の五重塔でも、興福寺《こうふくじ》の五重塔でも、一番上の屋根に人間が出られるようになってます。薬師寺の三重塔でもそうですよ。三重の屋根に出入り口が作ってある。

屋根以外のところでは、地面の排水にも気をつけてほしいし、どこかおかしなところはないかと普段から注意してほしいですね。外からは簡単に見えないところはどうしても見落としがちになりますが、できるだけ見るようにしてほしい。普段の心掛けが大事です。

お寺さんも誰も住まなくなると、どうしても傷みが進みます。栄枯盛衰《えいこせいすい》はお寺さんにもあるんです。盛《さか》っている時はいいが、いったん衰えてくると、背に腹はかえられずということになって、まず、道具類がどんどんなくなっていく。さらに衰えて、お坊さんもいなくなって誰も住まないようになると、雨が漏っても気付く人がいないから、建物の傷みが進みます。

お坊さんが住んでいるとか、毎日、大勢の人が拝みに来るとかすれば、ちょっと雨が漏っただけでも、これは具合が悪いからすぐに直そうやということになりますが、無住《むじゅう》の寺は傷みが相当進んでからやっと気が付くということになりがちや。ひどい時には、ここまで放っておかれたら、簡単には手がつけられんというところまでいってしまいます。

それでも、最近はよくなってきたほうではないでしょうか。私が県庁に入ったのは終戦後の昭和二十年代も中頃で、お寺も檀徒《だんと》さんも余裕がなかった時代です。いや、日本人全部が貧乏やったと言ってもいいでしょう。それこそ、修理どころやなかったのです。その後、だんだん余裕が出てきて、今はずっといいですよ。拝観者も増えて修理にもお金をまわせるようになりました。

平和な時代はいいものです。大きな戦争があったり、世の中が荒れると、お寺参りどころではなくなります。そうなると、人の心も荒れてくるし、お寺も荒れてくる。世の中が平和で落ち着いていればこそ、お寺参りの人も増えてお寺さんもうるおい、建物を修理する余裕も出てきます。お金ばかりやなくて、気持ちの上でも余裕が出てくるのです。私らは、ひとつのお寺でも、いつごろどんな修理をしているか見ていけば、それぞれの時代がどんな時代だったか、かなりのところまで想像がつきますよ。

小さな塔の可憐《かれん》さを演出する「相輪《そうりん》」の工夫

室生寺五重塔は非常によく手入れがされてきたお寺です。また、手入れと同時に、あの塔の美しさが際《きわ》立つように工夫がされてきています。

五重目を解体修理した鎌倉の修理では、「相輪《そうりん》」も修理しています。相輪と言われてもすぐにわかる人は少ないかもしれませんが、屋根のてっぺんにそびえている飾りを、相輪といいます（53ページ参照）。また、屋根の頂上は雨が入りやすいところですから、そこを塞《ふさ》いでおくという実用上の役目も果たしています。飾りとしても実用としても大事なものなのです。

相輪はだいたいの形は同じようなものですが、細かいところでは、塔によって違いがあります。なかなか味があるものです。中でも室生寺五重塔の相輪は独特で、女人高野と呼ばれるこの寺にふさわしい、やさしい形をしています。

相輪の頂上あたりには「水煙《すいえん》」と呼ばれる、透かし彫りの金物をつけることが多いのですが、室生寺五重塔の相輪には水煙がありません。水煙をつけると立派になりますが、同時にいかにも格式ばった感じになりがちです。そこで、室生寺五重塔の可憐さを壊さないように水煙をつけず、かわりに「宝蓋《ほうがい》」という八角形の小さな笠のような形のものをつけています。

ところが、この相輪も、どうも建立当初のものではなく、鎌倉の修理の時に新しくなったようなのです。相輪に使われている銅の分析をしてみた結果、それがわかりました。細工がしやすい青銅製の相輪を使っている塔が多いのですが、室生寺五重塔の相輪は軸の部分（擦管《さつかん》）を銅板《どうばん》にして、軸を取り巻いて十管になっている「宝輪《ほうりん》（九輪《くりん》）」の部分は、鉄の輪に銅板を貼り付けるという作り方をしている。

今回の修理では相輪も修理したのですが、金属の専門家の方に相輪を分析してもらったら、どう考えても平安時代初期のものではないということでした。鉄と銅は相性が悪いか

薬師寺東塔《とうとう》の相輪

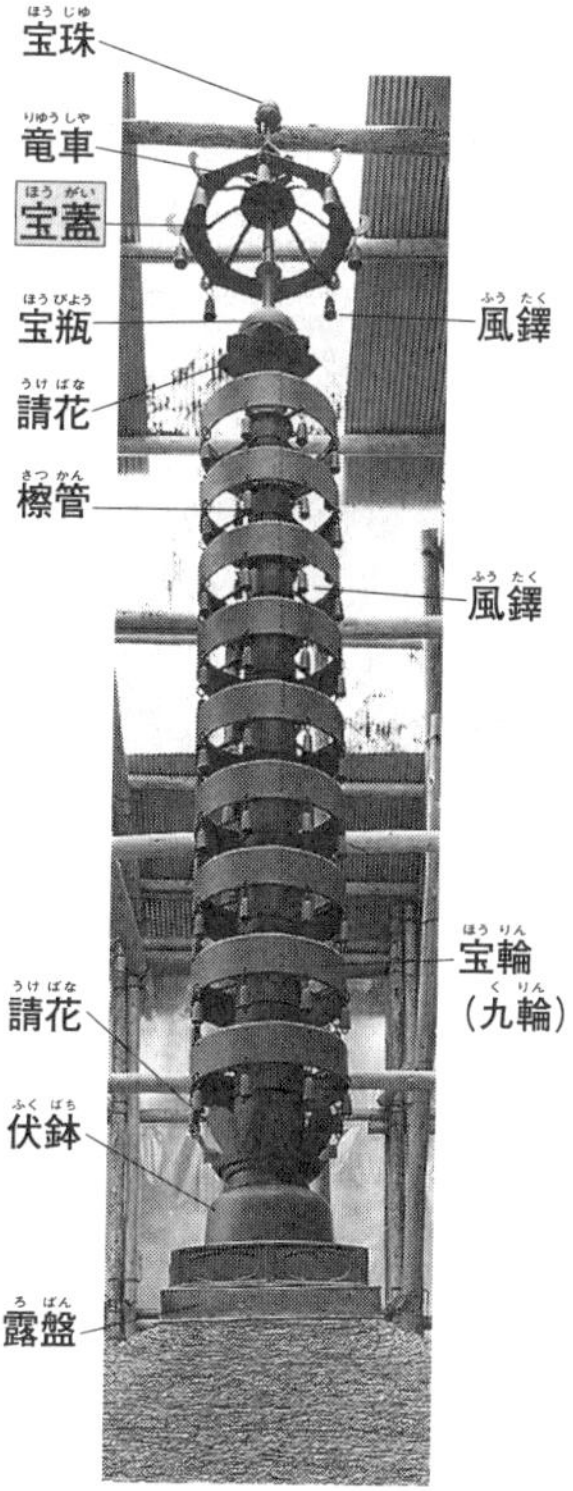

室生寺五重塔の相輪

室生寺五重塔には、〝水煙〟は似合わない

ら、平安時代初期のものが現代まで保つということはあり得ないというのです。鉄と銅が合わさっている部分はたいへん傷みやすいものだそうです。しかも、銅の成分分析をしてみたら、鎌倉時代頃に関西で産出された銅ではないかという結果が出たのです。つまり鎌倉時代に相輪が新しく作り替えられた、ということです。

建立《こんりゅう》当初から、相輪に八角形の宝蓋を使っていたのか、鎌倉の修理で新しく作り替えた時に初めて使われたのかは、まだはっきりとはしていません。ただ、鎌倉の修理をまかされた匠《たくみ》は「この塔にもっともふさわしい相輪は」と考え抜いて、やはり宝蓋を使うことにしたんだと思います。

この相輪の話でもわかっていただけると思うのですが、室生寺五重塔の美しい姿は、それぞれの時代の匠の手で守られ、磨かれてきたのです。

「継手《つぎて》」でわかった心柱《しんばしら》の年代

今回の修理の前に行なわれた修理は、明治の修理です。この修理は大掛かりなものでした。室生寺五重塔建立以来の大修理だったのです。鎌倉時代に五重を解体修理しただけで、その後は、一切解体修理を行なわずに明治まできたのですが、さすがに明治に入ると傷《いた》みが目立つようになったのか、ついに全面的な解体修理が行なわれたわけです。この修理が行なわれたのは明治三十三年から三十四年にかけてです。

日本の宝を守るため、古社寺《こしゃじ》保存法ができたのが明治三十年で、この時から国をあげて文化財を守るようになったと言ってもいいのですが、法律ができてすぐに修理したわけですね。奈良の人間は大阪人や京都人に比べるとのんびりしていると言われますが、この時はそうでもなかった。すぐに手をつけた。

「心柱《しんばしら》」とそれを取り巻く「四天柱《してんばしら》」（27ページ参照）を倒すことまではしませんでしたが、それ以外は解体してかなり念入りに修理しています。これは釘《くぎ》を見てもわかります。今回の修理で解体修理した五重、四重に使われていた釘のうち、建立当初の釘は三本しかなかった。それ以外はほとんど明治の釘です。

明治の修理の時に釘も新しくしたということでしょうね。これは仕方のないところもあるんです。釘を抜くと、どうしても曲がったり、頭が飛んでしまうものが出てくる。使えるものはできるだけ使うようにするのですが、それでも、前からの釘の五、六割は使えなくなるのが普通です。昔の釘は人間の手で念入りに叩いたものですから、なかなかいいものなんですがね。

今回の修理では、心柱も明治の修理でかなり手が加えられていることがわかりました。心柱は長くなりますから、途中で継いでいるものなんですが、室生寺五重塔は三本継ぎの心柱でした。三本の柱をつないで一本にしている。心柱の一番上の部分は、屋根の上まで出ますから、そこに相輪をかぶせる。こうすれば大事な心柱を雨風から守ることもできる。しかし、明治の修理では一番上の柱をちょうど五重の屋根の下あたりで切ってしまい、その上に新しい柱を継いでいました。これは継ぎ方を見てすぐにわかった。「金輪《かなわ》継ぎ」と呼ばれる非常に新しい継ぎ方をしていたのです（左ページ㋺）。建立当時の継ぎ方は「貝《かい》の口《くち》継ぎ」と呼ばれるものですから、見間違えようがありません（左ページ㋑）。

貝の口継ぎは、継いだ部分のまわりに鉄帯《てつおび》を巻くのですが、鉄帯をいじった形跡はまったくなかった。それをはずして調べたわけではありませんが、この鉄帯の状態からして、当初から触っていないものだということがわかる。しかし、五重の屋根のすぐ下の継ぎは非常に新しい。平安初期から明治までまったくそのままの継ぎと、明治の継ぎの違いは一《いち》目瞭然《もくりょうぜん》でした。

明治の修理で心柱の上部を新しいものに替えたのは、それだけ傷みが激しかったという

「継手《つぎて》」も建物の変遷を知る大切な手がかり

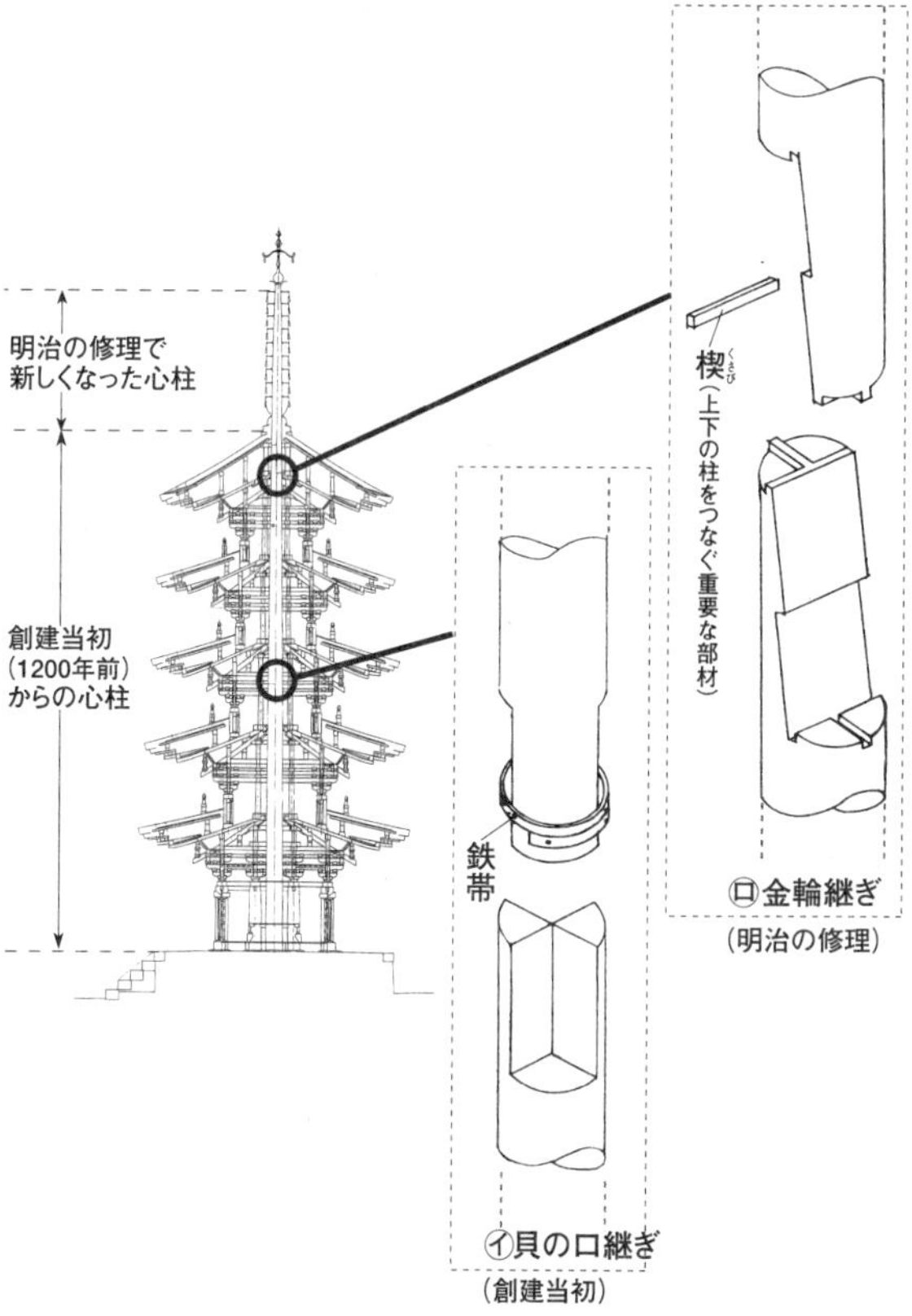

ことでしょうね。心柱が傷んでしまったらたいへんですから、よく修理しておいてくれたと思います。心柱の上のほうは一番傷みやすいところなのです。しかも、これを放っておいたら心柱そのものがおかしくなってしまいます。

相輪をかぶせてあるからと言っても、かぶせた相輪は外から釘を打って心柱に留めてある。この釘をつたって雨水が沁《し》み込み、そこから心柱が腐《くさ》るということがあるのです。明治の頃には室生寺五重塔の心柱もそうなっていたのでしょう。心柱に釘を打つ時はいきなり打つわけではなくて、錐《きり》で穴をあけてから打つのですが、その穴がきれいにできていないと、釘と木の間に隙間《すきま》ができて、そこから水が沁み込む。釘の太さに合わせて穴をあけておけば、隙間ができませんから長持ちします。それでも当初の心柱が明治まで保《も》ったのですからすごいものですわ。

「創建当時の姿」が一番いいわけではない

明治の修理は今回の修理にも生かしています。軒反《のきぞ》りも含めてほぼ明治の修理の時のものをそのまま生かしました。と言うよりも、それ以外にやり方がないと言ったほうがいいかもしれませんね。明治の修理の前の姿がどうなっていたのかということについては、確かな証拠は何もないのですから、現代のわれわれが勝手な解釈や想像で変えてしまうわけにはいかないのです。

文化財の修理は、何でもかんでも当初の姿に戻せばいいというものではありません。まず、徹底的に調査して、創建当時はどんな姿をしていて、それがどんな変遷を経て現在の姿になったのか、それを明らかにします。完全に明らかにすることができないとしても、できる限りの調査をする。その後、建物の修理、組み上げという仕事にかかるわけですが、さあ、そこで考えなあかんのが、では、どの時代の姿に戻すのかということです。いい例が室生寺五重塔です。当初の屋根は板葺《いたぶ》きだったわけです。これはもう証拠がたくさんありますから間違いない。今の檜皮《ひわだ》葺きの姿はあの塔の歴史をさかのぼれば本来の姿と違うということになります。

そやけど、ぺちゃんとした板葺きの室生寺五重塔など見たいと思う人がどれだけいるやろか。おそらくほとんどの人は、そんなんやめてくれと言うでしょう。われわれも同じです。そんなのはかなわん。調査結果は調査結果として、これはきちんと記録に残しておかなあきませんが、どんな姿に戻すのが室生寺五重塔にふさわしいかということは別に考えなくてはあかんものなのです。だから、今回の修理でも、結局、みんなが親しんでいる檜皮葺きの姿を残したというわけです。

どの時代の姿で修理するのかということは建物によるのです。みんなに親しまれている姿を大事にせなあかん。調査してみたら、これが当初の姿やった。だから当初の姿に戻すというのも理屈ですが、建物は理屈だけで建っとるのやないのです。情というものも建物を支えている。それを理屈だけで割り切ったら、かえっておかしなことになります。その建物を守り、愛してきた人々の情というものを考えなくてはいけないんです。

創建当時の姿に戻さなくてはいけないものも、これは当然、あります。たとえば、本来は檜皮葺きであったものを、後になって瓦《かわら》葺きにしたため、屋根が重くなって軒《のき》が垂れ下がってきているというようなものだったら、瓦をやめて檜皮葺きに戻します。屋根は檜皮葺きにするという考えだったから、それに応じた構造の屋根にしたのに、後になって瓦なんか載せたら垂れてしまうのがあたりまえです。そういうのはやはり具合が悪いから元に戻します。

また、そういうことがなくても、創建当時の姿に戻すこともあります。室生寺五重塔を通り過ぎて、天然記念物に指定されているシダが密生した参道を抜けると、急勾配《こうばい》の石段

奥の院　御影堂《みえいどう》――室生寺五重塔もかつてはこのような板葺き屋根だった

があります。石段を登りきったところが「奥《おく》の院《いん》」で、そこには御影堂《みえいどう》という建物がありあります。これは鎌倉時代の末頃に建てられたもので、当初は板葺きだったのが、室町頃に檜皮葺きに変わっていた。また、創建当時は「向拝《ごはい》」はなかったけれども、江戸の宝永《ほうえい》頃（一七〇〇年代初め）に向拝が作られていた。向拝とは建物の前面に突き出た部分のことです。通常は階段がつき、その分、屋根も前面に伸びてきます。そういうことが昭和五十年の調査でわかって、板葺きに戻し、向拝も取っています。この建物は板葺きのほうがふさわしいだろうし、向拝もないほうがいいだろうというのがお寺さんの考えであり、私らの考えでもあったからです。ケースバイケースでどの時代の姿に戻すのかを決めていく。これが文化財修理の難しさでもあり、また、面白いところでもありますね。

柱、斗栱《ときよう》、筋違《すじかい》——千二百年の生命を与えた「知恵の宝庫」

室生寺五重塔は実に綿密《めんみつ》に計画された塔でした。今回の調査でそれがはっきりしたのですが、驚きましたね。あの時代にここまで考えていた人がいたのかと胸を打たれる思いがしたものです。

小さな塔は大きな塔に比べると強度の面では苦しいところがあります。大きい塔のほうが強い構造にしやすいのです。柱ひとつにしても太いものが使えますから、全体として強いものになるわけです。しかも室生寺五重塔があるのは山の中です。南に向いた斜面に建っている。平地よりもずっと強い風があたるところです。

それなら大きな塔にして強くすればいいわけですが、山の中ですから、そんなに大きな建物を造れるような開けた土地ではない。また、塔だけを大きく造っても、他の建物と釣り合いがとれなくなってしまいます。

塔単独で建っているのならいいのですが、お寺には本堂をはじめいろいろな建物があって「伽藍《がらん》」を構成している。開けた土地ならゆったりした伽藍配置にして大きな建物を造りやすいし、塔もそれに合わせて大きくすることができます。東大寺《とうだいじ》には七重塔《しちじゅうのとう》があったのですが、あの大きな東大寺だからこそ、そういう大きな塔が似合う。あの大仏殿の横に室生寺五重塔のように小さな塔があってもおかしいでしょう。室生寺五重塔も、室生寺の伽藍の大きさを考えて、一六・一メートルという小さなものになったのです。

しかし、小さな塔は強度の面では不利になる。そこを克服して、可憐《かれん》な塔でありながら強いものにするにはどうしたらいいか。あの塔を造った匠《たくみ》たちが知恵を絞ったのはそこです。また、それがあったから、明治になるまで大掛かりな修理もせずに、長い間、あの美しい姿を保つことができたのです。

まず「柱」です。べらぼうに太く造っています。とくに全体の重量を受ける初重の柱は太いですね。四天柱《してんばしら》も側柱《がわばしら》も、直径二八センチです。普通の塔に比べても三割から四割増しの太さにしてあります。室生寺五重塔は一六・一メートルですが、初重の柱だけ見ればとてもそんな小さな塔に使うものではない。二五、六メートルから三〇メートル近い高さの塔に見合うような柱です。

それに加えて柱を短くしている。どの層の柱も短いのです。二重から上の側柱は直径二三センチですが、太くて短い柱ならますます強い。柱を短くすれば倒れにくくなりますからね。そして短くした高さを補うために「斗栱《ときょう》」を高くしている。柱の上には木の組物が載っていて、それを斗栱というのですが、室生寺五重塔の斗栱は高い。斗栱を高くしても、これは井桁《いげた》のような格好で木を組んでいますから強いんです（27ページ参照）。

柱を短くすると、ずんぐりした印象を与えがちなのですが、まさか、室生寺五重塔にそんな感じを受ける人はいないと思います。女人高野にふさわしく、実にすっきりした姿になっている。斗栱を高くしたおかげです。柱を短くし、斗栱を高くして、塔が小さいという不利を打ち消して、充分な強度を確保するとともに、逆にそれを長所にしてしまっている。

これだけでも実によく考えているのですが、さらに、「筋違《すじかい》」（38ページ参照）まで入れていた。

うんと古い時代の建物は、地面に穴を掘ってそこに柱を立てたのですが、これでは根元から腐ってくる。そこで礎石を置いてその上に柱を載せるようになりました。ついでに柱も太くした。礎石の上に載せているのですから、柱が太いほうが安定しますからね。でも、それだけでは、まだ弱かった。奈良時代に奈良で大きな地震があって、その時に、奈良のお寺が軒並みつぶれてしまったという記録もあります。それからしばらくして、鎌倉時代になってから筋違や「貫《ぬき》」が中国から入ってきて、これでようやく充分な強度を確保できるようになったわけです。

貫というのは柱に穴をあけて、そこに水平の部材を通して別の柱と結ぶもので、筋違と同じように建物を強くします。地震などで横から力がかかっても、筋違や貫が入っていれば、かなりなところまで耐えることができます。

ところが室生寺五重塔は、定説となっている鎌倉時代よりもずっと早く、すでに平安時代初期に筋違を使っていた。この筋違がどこからどう伝わってきたものか、それはまだわかりませんが、室生寺五重塔を造った匠が、何かいい方法がないものか必死にさがしたのでしょうね。一生懸命考えて、さらにあちこちあたってみて、筋違というものを使えばいいとわかった。そういうことではないでしょうか。

「相輪」も独特なものですが、台風で倒れたスギの木の枝にはたかれたのか、やはり相当に壊れていました。この相輪も降ろして見たのですが、いかにも重みがないのでちょっとがっかりしたものです。とにかく軽い。何かぺらぺらした感じやった。軸のところは鉄を使っているが、あとは銅板《どうばん》を貼ったような格好になっている。どうしてこんなものを造ったのかと思ったのですが、よくよく考えてみると、そうではない。この相輪にも知恵が込められていたのです。

相輪は青銅《せいどう》鋳物《いもの》が多い。いわゆるブロンズですね。ブロンズを薄く造るのは難しいから、どうしてもある程度の厚みが出て、重量も増します。室生寺五重塔の相輪と同じ大きさのものをブロンズで造ったら、重さは二〇〇キロ以上になったでしょうね。ところが、鉄と銅板で造ったおかげで、一〇五キロほどで納まっている。ここが工夫なのです。

あの小さな塔に載せるのですから、あまり重いものは使いたくない。小さな塔の頭に重いブロンズの相輪を載せたらバランスが悪くなってしまいます。そこで、ブロンズをやめて鉄と銅板で造ったというわけです。今回の修理では相輪も壊れ方がひどかったので、下のほうの使える部分は残して、ほとんど新しく造り直しました。

柱を思い切って短くし、斗栱を高くするだけでは満足せずに、よさそうなことは何でもやってみようということだったのでしょうか。いずれにしても、塔を建てる以上は、何とかして、長く保つものにしたい、千年を越えた後の世にまで塔が残るようにしたいと、そういう祈りにも似た思いが伝わってくるような気がしませんか。

室生《むろう》の「瘦《や》せ地」が育てた一級品のヒノキ

室生寺五重塔はやはり「ヒノキ」で造られています。このヒノキは塔を守っている森から切り出したものと考えて間違いないと思います。平地ならともかく、まわりにヒノキがいくらでもあるのですから、わざわざ遠いところから持ってきたとは考えにくい。今でもうっそうとした立派な森ですが、建立当時はおそらく原始そのままの状態で繁っていたのだと思います。あの頃は日本の各地にそれぞれいいヒノキがあったのです。しかも、今のように植林ということをしておらなかったから、みんな、自然に育ったヒノキでした。

ヒノキは、痩《や》せた土地のほうがいいものができます。肥えた土地で栄養をたっぷりとって、ぶくぶく太ると年輪が荒くなっていいヒノキにならない。岩山で痩せ地で、山のてっぺんのような風あたりのきつい所に育ったヒノキがいいですね。ろくに栄養もないところで、強い風にもまれながら大きくなってきたようなヒノキは、年輪がしっかりとつまって、とても強い木になります。しかも「実生《みしょう》」が一番です。実生というのは、文字通り、種から育った木のことです。苗木《なえぎ》をどこからか持ってきた木と区別するため、そういう言い方をするのです。

風に乗ってどこからか飛んできたヒノキの種が地面に落ちて、芽を出し、葉を出し、誰に助けられるわけでもなく、痩せた土地で必死に年を重ねて、六百年もすればため息をつきたくなるほど立派なヒノキができる。そういう木を使えば建物もいいものができます。

ヒノキも最近は植林で育てたものばかりです。原生林のままにしておいて、その中からヒノキを見つけ、切り出してくるのではとても商売にはならないのが今の世の中ですから、植林もやむをえないし、植林によって森林資源が守られているという面もありますから、植林を否定するつもりはありませんが、理想を言えば、やはり自然のままに育ったヒノキのほうがええですね。

昔は木などというものは、放っておいても自然に生《は》えてくるものだと思っていたから、大きな建物を造る時は山を「皆伐《かいばつ》」してしまうということもありました。欲しい木を一本残らず切ってしまうのが皆伐です。

たとえば東大寺の大仏殿を建てた時は、滋賀にあったヒノキの森を皆伐して、奈良に持ってきていますが、みんな切り倒してしまったから、どこからも種が飛んでこないようになり、いまだに、禿山《はげやま》のような状態だといいます。皆伐しないで、せめていくらか残しておけば、また種が飛んできて、いつかは素晴らしいヒノキの森が戻ってくるのですが、まったく残念なことです。禿山にするよりは植林でもするほうがまだましかもしれませんね。

室生寺の堂塔に使われているヒノキは素晴らしいものですよ。試しに、五重塔に使われている建立当時の部材を専門の業者さんに見てもらったら、うーんと唸《うな》っていました。こんな素晴らしいヒノキはもう手に入らないというのです。千二百年も前のヒノキなのですが、専門家が見れば一目で違いがわかるのですね。よだれを垂らさんばかりの勢いで見入っていました。室生の森も岩山で痩せた土地です。そういう厳しい自然の中で育ったからいいヒノキができたのです。

「木を割る」には高度な技術がいる

室生寺五重塔を創建した匠《たくみ》たちは、ヒノキをバーンと割って用材《ようざい》にしている。今のようにノコギリで挽《ひ》いて材にするのではなく、割っているわけです。まず斧《おの》を使って丸太を二つ割りにして、さらに四つに割って、というように必要な大きさの部材をとっている。垂木《たるき》や板も割って作ったものです。これには「槍《やり》ガンナ」や「チョウナ」というような、今ではあまり使わない道具を使っている。槍ガンナというのは、槍の穂先《ほさき》のような道具で、穂先の刃を使って木を削っていく。また、チョウナというのは、クワのような形をした道具で、槍ガンナとはちょっと違いますが、やはり木を削っていくものです（左ページ参照）。

木を割るときは、木の癖や目を生かすようにしないと、うまく割れないのですが、それだけ強い用材ができます。木の曲がり具合や目の通りを生かせるわけですからね。昔の人は上手に割っていますよ。

〝木を割る技術〟に不可欠だった道具

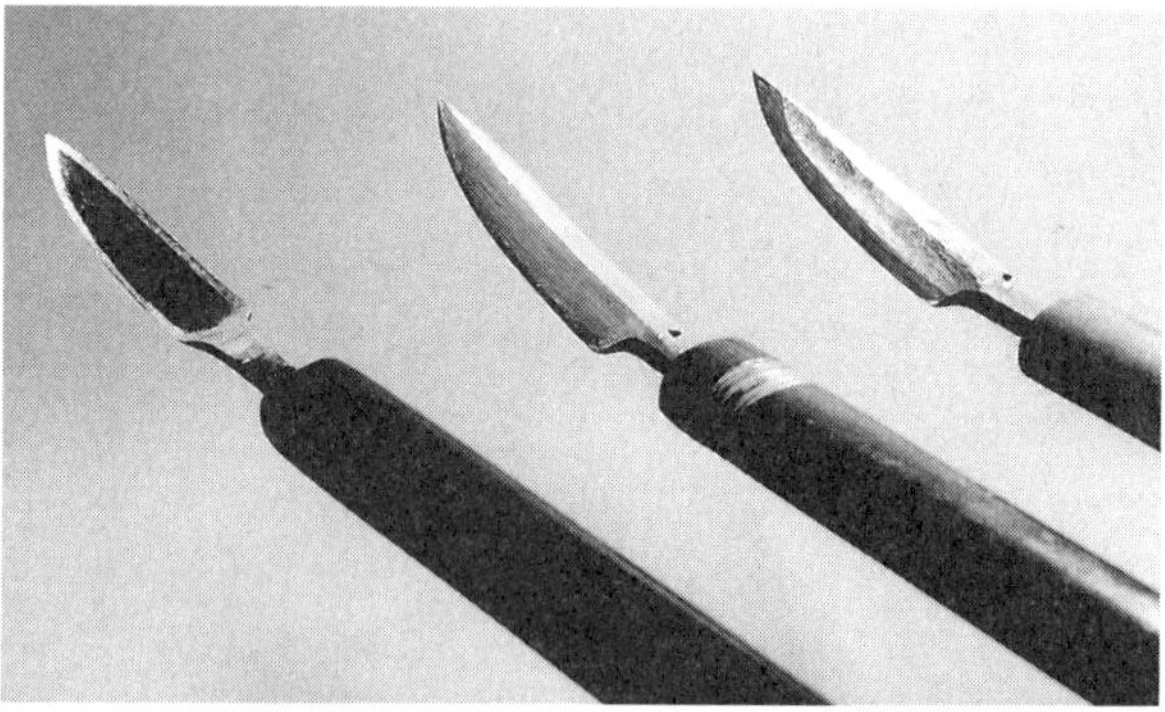

槍《やり》ガンナ

チョウナ

今はそんなことはやりたくてもできません。まず、もったいなくてやれない。もし間違えたら、いいヒノキを無駄にしてしまうわけやからね。また、割る技術もない。何度か試したこともあるのですが、うまく割れなかったですね。似たような道具を使ったのですが、どうしてもうまくでけん。

たぶん、昔の人は木をよく乾燥させる前に割っていたのだと思いますね。われわれが丸太を手に入れようとしたら、専門の業者さんから買うしかないのですが、そういう丸太はもうかなり乾燥が進んでいて、うまく割るのは難しい。しかし、昔の人は、まだあまり乾燥が進んでいないうちに大きく割ってしまって、それを仕事の進行に合わせてだんだん小さな用材にしていったのだと思います。乾燥具合を見ながら割ったり、削ったりしていった。しかも、その技術もかなり高いものだったようです。

室生寺五重塔でも外から見えないところには、チョウナを使った痕跡《こんせき》が残っているものがありますが、上手なものです。チョウナや槍ガンナで削るのは根気のいる仕事なのですが、実に根気よくきれいに仕上げている。こういうことは今の職人さんではちょっと難しいでしょうね。やれないと思います。根気のいい人がいても、技術が消えてしまっているのですから仕方がない。

木を割るのは、いまや、どんなに名工と言われる人でも難しいのではないでしょうか。また、そういうことができる職人に出会ったこともありません。思い切って、いい木を無駄にするつもりで、何度か練習すれば、できるようになるかもしれませんが、そんな度胸のあるお金の使い方はできないでしょう。立派なヒノキの丸太を四本か五本ぐらい、薪《まき》にしても構わないという覚悟がなかったら、とてもできることではありません。でも、そこまでして木を割るとしたら、それは、もう文化財の保存修理ではなく、もうひとつ別の仕事になってしまいますがな。木を割るというのはそれほどたいへんな技術なのです。

うまく割れるか割れないかは、割る技術があるかどうかだけでなく、使うヒノキの性質にもよります。日本のヒノキならまだいいのですが、台湾ヒノキではまず無理でしょう。台湾ヒノキは硬くてうまく割れないのです。日本のヒノキのほうが素直です。台湾ヒノキも悪いものではないのですが、やはり日本のヒノキとはちょっと性質が違うのです。

木の収縮の具合も台湾ヒノキのほうがきついですな。よく縮む。よく乾燥したものを使っても年月がたつと日本のヒノキよりも縮みが大きくなる。国産材で昔のようないいヒノキがもっと手に入るようになればいいのですが、今さら昔のような原生林をあっちこっちに復元して、実生からヒノキが育つようにしても、それがいいヒノキになるまでには百年も二百年もかかりますから、もうちょっと無理でしょうね。少なくとも私らが生きている間には実現しそうもない。

それだけに室生寺の森は貴重なのです。五重塔も、あの森から切り出したヒノキでできています。その後の修理も用材はまわりの森から調達している。今回の修理でも檜皮《ひわだ》は全部、あの森のヒノキから取りました。室生寺五重塔は森に守られ、森とともに生きてきたのです。森と塔とが一体になっている。あの森のおかげで塔が成り立っていると言ってもいいぐらいです。森と塔が合体して、あの場所に根づいている。あの森と五重塔はひとつのものなのです。

森に舞い降りた天女に抱《いだ》かれた「五智如来《ごちにょらい》」

室生寺五重塔は不思議な魅力のある塔です。抱きしめたくなるような可憐《かれん》さがある。森に舞い降りた美しい天女の可憐さです。そういう塔やから惹《ひ》きつけられるのですかね。

私も室生寺五重塔の仕事を引き受けたら、いつのまにか、どんどんのめり込んでいってしまいました。室生寺の塔以外にも仕事をしていたわけですから、工事が本格的に始まるまでは、工事が始まっても三日に一度も現地に行ければいいほうだろうと考えていましたし、県のほうもそれでいいということだったのです。

ところが、いざ、工事が始まると、毎日、塔を見に行かないとおられんようになった。何もかも放っておいて、毎日、現地に行くようになりました。また、よくしたもので、そうなると他の仕事はあまり入ってこないようになった。仏さんの配剤《はいざい》なのか何なのか、まるで、お前はこの仕事だけやっとれと言われているような按配《あんばい》になりました。

私は技術者ですから、きちんと図面を作って、指図をしておけば、別に毎日、毎日、現場に行く必要もないのですが、一日に一度でも室生寺に行かないと気持ちが悪いようになって、本当に毎日行きました。行って、仕事をやっているところを一回り見て、それから現場の事務所でちょっと仕事をして、帰り際にまた初重から五重まで上がって帰る。毎日、それを欠かさなかった。休みの日はクターッと一日寝ているだけになりました。これでは趣味だか仕事だかわかりませんが、そうなってしまったのだから仕方がない。女房も呆《あき》れていたようです。家族サービスどころやない。

修理の間もお参りに来る人がたくさんいましたが、中には、塔に手を合わせていく人も少なくなかったですね。室生寺五重塔は文化財としてもたいへんな価値のあるものですが、それだけでなく、信仰の対象でもあるのです。あの塔を仰《あお》ぎ見ることによって心が安らぐという人がようけおるのです。私も手を合わせます。

あの塔の初重の奥には「五智如来《ごちにょらい》」がおわします。大日如来《だいにちにょらい》をはじめとする五体の仏さんが心柱を囲むように安置されているのです。如来さんは建立以来、一度もご開帳《かいちょう》されていなかったのですが、今回の修理では、仏さまの頭の上を歩き回ったりすることになりますから、申し訳なくて、工事が終わるまでしばらく塔からお出いただいて、別のところに移っていただきました。あの如来さんが外にお出になったのは初めてのことだと思います。お参りに来た人もなかなか拝めない仏さんを見ることができて喜んでいましたよ。

私は申《さる》年で、大日如来が干支《えと》の守り神なのです。五重塔や三重塔は、古くはお釈迦《しゃか》さんの「舎利《しゃり》（お骨《こつ》）」を納めるために建てられたのですが、その後、密教が入ってきてから、大日如来を塔の守り神と考えるようになりました。そのため、とくに平安時代以降は塔には大日如来を安置するようになったわけです。

室生寺五重塔の五智如来さんはそんなに古いものではなくて、江戸時代の中頃のものだそうですが、干支の守り神と同じ大日如来さんがおられる塔の修復を私が担当することになったのも、大日如来さんの導きかという気がしないでもなかったですね。

初めて開帳《かいちょう》された塔内の五智如来《ごちにょらい》

工事が無事に終わり、平成十二年十月に落慶法要《らっけいほうよう》が盛大に行なわれた時は、私も感無量でした。何か大きな責任を果たして、次の時代の人に引き渡すことができたような気がしたものです。

2章　古都・奈良に息づく「悠久の知恵」

――世界に誇る「木の文化」の素晴らしさ

「唐招提寺《とうしょうだいじ》」に残る平城京《へいじょうきょう》の痕跡《こんせき》

奈良では、今、平城京の跡に「大極殿《だいごくでん》」を復元しようという計画が進んでいて、私も少しばかりお手伝いをしました（二〇一〇年に完成予定です）。大極殿は平城京の北にあった宮殿《きゅうでん》で、天皇の即位式や外国からの賓客《ひんきゃく》をお迎えする式典が行なわれた壮麗《そうれい》な建物です。平城京のシンボルとなった建物と言ってもいいでしょう。

平城京は唐《とう》の都の長安《ちょうあん》にならって碁盤目状《ごばんめじょう》に街路《がいろ》を区切った大都市でした。人口は二〇万人を数えたと言います。北の端には大極殿や朝堂院《ちょうどういん》、天皇がお住まいになる「内裏《だいり》」などの宮殿（平城宮《へいじょうきゅう》）があり、そこから南に向かって幅八〇メートルを超す朱雀大路《すざくおおじ》が一直線に伸びていました。

そして、大極殿を中心とした宮殿のすぐ東には法華寺《ほっけじ》、さらに東の離れたところに東大寺《とうだいじ》や興福寺《こうふくじ》があり、その南には元興寺《がんごうじ》。また、大極殿から西に少し離れたところには西大寺《さいだいじ》があり、そこから南に下がったところが「西の京《にしのきょう》」で、薬師寺《やくしじ》や唐招提寺《とうしょうだいじ》はこのあたりにあります。

平城京を中心に広がった、古都・奈良の社寺文化

平城京の大極殿がどんな姿をしていたか。その姿を記録したものはまだ見つかっていませんが、これまでの発掘調査で、基壇《きだん》部分の大きさは東西約五三メートル、南北約二九メートルだったということがわかっています。たいへんな大きさの建物です。平城京の宮殿跡の発掘調査はまだまだ続きますから、新たな資料が発見される可能性も残っているし、将来、大極殿の姿の解明につながるような遺物《いぶつ》や記録がどこから出てくるかわからない。しかし、今でも多少の材料はあるわけですから、将来の復元に備えて、その姿を考える叩き台になるようなものが必要だということで、平成五年から六年にかけて、依頼を受け、私なりにこんな姿だったのではないかと考えたものを設計図にして提案させてもらいました。

その後、この設計図をもとにして、奈良国立文化財研究所が十分の一の模型を制作し、さらに現在は「実施設計」も始まったと聞いています。実施設計というのは、実際に建物を造るための設計図を作成することです。

大極殿は石で基壇を造り、その上に礎石《そせき》を置いて建設されたようですが、発掘調査で見つかったのは基壇跡までで、礎石はなくなっていました。基壇が崩れてなくなってしまえば、そこに載っていた礎石もどこかに行ってしまうわけです。立派な礎石だったはずですから、今でも、奈良の街のどこかで、それと知らずに別の建物に使われているかもしれません。

礎石がなくなっていれば、建物の大きさはわからないわけですが、「雨落《あめお》ち」の痕跡がわずかに残っていますから、それを手がかりにして、建物の大きさを推定することができます。雨落ちというのは、軒《のき》から落ちてくる雨を受けるために石などを並べたものです。だから、雨落ちがどのくらいの規模で建物を取り巻いていたかということがわかれば、東西、南北の軒の大きさもわかるわけです。そうやって雨落ちの跡で大極殿のだいたいの大きさを考えた。また、柱の位置や屋根の反《そ》り具合などは、唐招提寺の講堂《こうどう》が参考になりました。

唐招提寺は七五九年の創建で、その後、都が奈良から京都に移ってしまいますが、その前後に、宮殿にあった「東朝集殿《ひがしちょうしゅうでん》」という建物を唐招提寺に移築して講堂としたのです。宮殿にあった建物で現存しているのはこの建物だけです。その姿をもとにして大極殿の姿を考えたのです。

東朝集殿は大極殿と同じ宮殿にあった建物やから、柱の配置の仕方や屋根の反り具合などが大極殿と似通《にかよ》っているところがあるはずだと考えたわけです。宮殿が並んでいるわけですから、当然、そこには調和というものが考えられていなかったらおかしいですやろ。

また、唐招提寺の講堂の他に同じ頃の薬師寺東塔（53ページ参照）、ちょっと時代は下がるけども、やはり唐招提寺の金堂《こんどう》も参考にしました。

宮殿やから彩色《さいしき》も大事です。大極殿に塗られていた色も考えました。「青丹（あおに）よし寧楽（なら）の京師（みやこ）は咲く花の薫（にほ）ふがごとく今盛りなり」と『万葉集』にある通り、奈良の都はなかなか華やかだったようですから、大極殿も見事に彩色されていたはずです。朱色《しゅいろ》のあざやかな丹《に》塗りもたくさん使われていたようです。

丹などで建物に色を塗ることは、外観だけでなく、建物の耐久性という点でも役に立つ。防虫、防腐《ぼうふ》にもなります。

そやから私が設計した大極殿も柱などは丹を塗って華やかな雰囲気を出すことを考えました。とくに大極殿のような建物では荘厳《そうごん》さが大切なのです。国家の象徴ともなる建物なのやから、ただ大きいだけの実用一点張りでは困る。

「おお、すごいやないか」「なんと立派なものやないか」とみんなが思うような建物でないと具合が悪いでしょう。

平城宮《へいじようきゆう》の姿を今に伝える、唐招提寺《とうしようだいじ》講堂《こうどう》(国宝)

法隆寺《ほうりゅうじ》よりは緩《ゆる》やかな「エンタシス」

こうして考えていった大極殿は、軒《のき》の反《そ》りが緩《ゆる》やかで、柱は「エンタシス」。あの時代の軒はまだそんなに反りがきつくはなかったですからね。

また、柱のエンタシスもおとなしいものだったはずです。エンタシスとは柱の胴の部分がふくらんでいる形式のことで、ギリシャのパルテノン神殿の柱が有名です。日本ではエンタシスの柱というと法隆寺の金堂《こんどう》や中門《ちゅうもん》が有名ですが、時代が後になるとふくらみ具合が減る傾向がある。大極殿は法隆寺よりも後の建物ですから、円柱の上のほうを少し絞ったくらいに留めておきました。

軒を支える斗栱《ときょう》(27ページ参照)も、奈良時代にふさわしいものを考えました。奈良時代になると、斗栱などの組物《くみもの》も以前よりも進んだものになってきて、構造的にも強くなるのです。とくに軒の部分は違いがはっきりしてくる。法隆寺の金堂の軒でも、構造的に強度が不十分なところがあります。そのため、次第に垂れてきたようで、元禄《げんろく》時代に柱をつけて軒を支えるようにしているぐらいです。しかし、大極殿は奈良時代の建物ですから、法隆寺よりも後の時代の手法を取り入れて、軒だけで保《も》つように、より工夫して斗栱を入れることにしました。

また、屋根も大きくて立派なものを考えました。平城京跡にはすでに、奈良国立文化財研究所によって「朱雀門《すざくもん》」が復元されていますが（89ページ）、この朱雀門の屋根は二層になっています。

そこで大極殿も屋根は二層だったろうと推理して、大きな二層の屋根にしたのですが、この屋根は相当な重量感があって壮麗《そうれい》に見えるはずです。こういう建物では、屋根で立派さを見せるということも大事なことなのです。

私が提案した大極殿の姿は、あくまでも叩き台ですから、実施設計では私の提案とは違うところも出てきているようですが、奈良に住む人間の一人として、大極殿の復元にいささかなりとも関わることができたと思うと、ちょっと嬉しいような、誇らしいような気持ちになりますね。大極殿が復元されて朱雀門の向こうに壮麗な姿を現わす日が楽しみです。

なぜ奈良に「都《みやこ》」を開いたのか

奈良は古代からの日本人の叡智《えいち》がそのまま封印されて残っているところだと思います。建物はもちろんですが、この土地に都《みやこ》を開いたということ自体が叡智の現われやったのではないか。そんな気がするのです。

周囲を山に囲まれて、台風などの災害も少ない。気候も京都よりも少し穏やかです。京都ほど冷え込むことは滅多にありません。今は高い建物も増えてきて、昔とは違ってきましたが、平城京の頃はどこからでも山が見えたはずです。その山も険《けわ》しい山ではありません。緩やかな稜線《りょうせん》を持ったやさしい山々であり、四季の移り変わりに応じて色を変える。春は緑に変わり、冬が来て雪でも降れば白くなる。そんな山々を背にして、五重塔や三重塔がそびえ、華やかな宮殿や王朝貴人《おうちょうきじん》の館が建ち並んでいたわけです。

こういう都を考えたのは、まさに日本人らしい叡智だったと思いますね。ただ、大きな建物が並んで、広い道路が走っていれば都会かと言えば、そんなことはない。いや、都会ではあるかもしれませんが、都とは言えない。奈良の都を見た古《いにしえ》の人は、その美しさ

二層の屋根が壮麗な、復元された朱雀門《すざくもん》

に感じ入ったのではないですやろか。

奈良には今もいいところがたくさんあります。東西南北どちらに向かって歩いても、歴史を感じると言ってもいいでしょう。私の家も有名な西大寺《さいだいじ》のすぐ近くです。このお寺さんは年に数回、「大茶盛《おおちゃもり》」という行事でにぎわいます。一抱えもあるような大きな茶碗でお茶を楽しむという行事です。

西大寺の創建は奈良時代にさかのぼり、その頃は、東の東大寺と並び称された壮大なお寺でした。その後は一時、廃《すた》れた時期もありましたが、鎌倉時代に高僧の叡尊《えいそん》によって再興されました。叡尊は後のほうで紹介する大直禰子神社《おおたたねこじんじゃ》の再興にも力を貸しています。大直禰子神社の保存修理工事も私が担当したもののひとつでした。

奈良の中でも、とくに私が心惹《ひ》かれるのは、「西の京《にしきょう》」あたりです。このあたりは、かつての朱雀大路の西にあたるところから、西の京と呼ばれ、薬師寺や唐招提寺がありますす。この界隈《かいわい》を歩いていると遠くに三笠山《みかさやま》や春日山《かすがやま》が見えて、ああ、自分は奈良にいるのだなと今さらのように思うのです。

また、桜井《さくらい》のあたりも捨てがたいですな。桜井は私が生まれ育ったところでもあります。もちろん、室生《むろう》も美しいところです。室生寺の門前の緑の渓谷《けいこく》に赤い太鼓橋《たいこばし》がかかり、すぐ後ろには山がせまっている。そこに霞《かすみ》がかかると、一幅《いっぷく》の墨絵《すみえ》を思わせるような風景が広がるのです。これは機会があったらぜひ見てもらいたい。と言っても、そうそう都合よく霞がかかってくれるわけでもないのですが。

奈良の自然は豊かです。時には厳しさも見せる。京都よりも穏やかとは言え、奈良の盆地を取り巻く山々の自然は穏やかなばかりではありません。大峯山寺《おおみねさんじ》のあたりは冬は深い雪に包まれます。大峯山寺本堂の保存修理工事をしていた時は、時々お山に登って、お堂が雪で傷《いた》んでいないか確かめたものです。膝まである雪をかきわけながら山を登っていくと、美しい樹氷《じゅひょう》の森に出会います。天気がいい時は息を呑むような美しさでした。

京都よりも「伝統」に頑固《がんこ》な奈良の気質《きしつ》

奈良の人間はのんびりしていると言われます。それがあたっているかどうかはわかりませんが、確かに、あまりせかせかしたところはないような気がします。街を自動車で走っていても、えらく忙《せわ》しく走っている車やなと思ってナンバーを見ると、たいてい大阪ナンバーの車です。大阪とは隣り合っているのに、大阪の忙しさとは対照的ですな。

京都ともよく比べられますが、同じ古都の京都に対しては、奈良の人間は、いまだにちょっと複雑な思いがあるかもしれません。先に都ができたのは奈良やったのに、京都に取られてしまった。そんな思いがどこかに残っているような気がするのです。

私らぐらいの年ではそんなこともあまり感じなくなっていますが、もっと古い人になると、京都には対抗意識みたいなものがあるようですね。買い物ひとつでも、京都よりも大阪に行くほうが多い。京都でも大阪でも、出かけていくのにかかる時間は同じようなものですが、京都はちょっとつき合いにくいというか、気がつくと大阪に足が向いている。

そんな土地柄《がら》ですから、伝統を重んじる気風も強いようで、古い建物を見てもそれを感じることができます。奈良は建築の流行が入ってくるのが半世紀ぐらい遅い。奈良では江戸時代の終わり頃の建物に使われている手法が、和歌山あたりに行くと、江戸時代の初め頃にはもう出てきているということがあります。

和歌山は徳川御三家のひとつだったところで、江戸との関係も深かったせいでしょうね。そういう土地と比べると、奈良は建築の面でも、流行や変化に対して、ちょっとうといところがある。それだけ伝統を大事にしてきたわけです。頑固なところがあるとも言える。梁《はり》の曲がり方ひとつにしても、時代によって変わってきているのですが、他の土地に行くと、変わり方が早い。奈良はなかなか変えない。

そこへいくと、同じ古都でも京都は早いようです。目新しいものをさっと取り入れるところがある。奈良は簡単には飛びつかない。江戸や京都で何か新しく流行が出てきても、すぐに追いかけるようなことはしないで、江戸や京都の流行が終わった頃になってから、そろそろやろかという調子です。室生寺五重塔にしても、建立されたのは平安時代の初めなのに、奈良時代の様式をビシッと受け継いでいます。奈良から京都に都が変わったからと言って、ちょっと新しいやり方で建ててみよか、京都風にやってみよかなどとは考えないわけです。そういう土地柄やったということもあって、奈良には古い建物がたくさん残ったのですやろな。

鑑真《がんじん》が苦労して手に入れた「一流のヒノキ」

京都にはあまり古い建物はありません。一番古いものでも宇治平等院《うじびょうどういん》などの平安時代の建物です。だからと言って奈良に比べてどうだというつもりはないし、平等院だって素晴らしい建物です。建築自体も素晴らしいし、使っている木も素晴らしい。ああいう建物を見ていると、いい建物を造ろうと思うんなら、まず木を選ばんとあかんと思いますね。材料からしていいものを使わないとあかんのです。どんな木がいいかということについてはいろいろ考え方がありますが、どんな木でも年輪が密《みつ》になっている木のほうがいいですね。

なぜかというと、材木というものは、年月がたてば乾燥が進んでだんだん反《そ》ってくる。水分が抜けて収縮してくるわけです。だが、年輪が詰まっていれば、水分が抜けても収縮が少ない。木が動かない。この動かないということが大事なのです。

木を組むと、当座はしっかり組んでいても、木が収縮して痩せてしまえば、組んだところがゆるんで、建物全体ががたがたするようになってしまいます。いい木を使っても痩せることは痩せますが、痩せ方が少ないから、そんなにひどくがたがたしてくることはない。そういうことを知っていた先人がさがしだしたのが、ヒノキです。いいヒノキで家を造れば、材料の面ではまず最上ということでしょう。

最近、保存修理工事が始まった唐招提寺の金堂《こんどう》も、昔のいいヒノキで建てられたものです。あのお寺さんは、鑑真《がんじん》さんが造った寺で、官寺《かんじ》ではない。いわば私《わたくし》の寺ということになります。そやから、建てる時には、資金的にずいぶん苦労があったのではないかと思います。

大きなお寺は国のお金で建てたものが多いから、建築費用にはあまり困らなかったでしょうが、国からの援助もなく、自分の力でお寺を造るとなると、仏教が盛んだった昔でもたいへんなことだったはずです。それをやりとげた鑑真さんは、やはりすごいお坊さんだと思いますね。平城京にあった東朝集殿を唐招提寺に貰ってきたのも、そんな苦労の現われやったのではないでしょうか。

法隆寺《ほうりゅうじ》に集《つど》った一流の技術者、職人たち

唐招提寺の金堂は、奈良時代の金堂では日本でただひとつのものです。これよりも古い時代の金堂には法隆寺金堂がありますが、奈良の建築技術や美意識を伝える金堂として、唐招提寺金堂は法隆寺金堂に劣らぬ貴重な建築物なのです。金堂とはその寺院のご本尊《ほんぞん》を安置《あんち》する仏殿で、伽藍《がらん》の中心をなす建物です。今、この唐招提寺金堂の保存修理工事を担当しているのは、私の後輩です。彼は私が県庁にいる時に、大学を卒業してすぐに私の下についた。それだけに立派な保存修理をしてほしいと思いますね。

唐招提寺の現場で、その後輩と一緒に仕事をしている大工の棟梁《とうりよう》も、やはり県の職員です。奈良のようなところでは、保存修理の技術者だけでなく、大工さんも県の職員になっているのです。文化財が多いですからね。県が行なう保存修理工事では、各現場に技術者が一人、さらに、大工の棟梁が一人つくという態勢になります。そうやって間違いのない工事をするとともに、経験を積んで腕を磨いていく。

また、研修も積極的に行なっています。誰がやっても間違いがない工事ができるように、技術を底上げしようということで、定期的に各現場の責任者が集まって、意見交換をしたりしながら勉強するのです。そうやって技術の底上げと蓄積《ちくせき》、向上をはかっている。これは古い建物が多い奈良だからこそ、やらなくてはいけないことだと思いますね。

今の文化財保護法が始まったのが昭和二十五年。それから五〇年以上過ぎたわけですが、古社寺保存の動きは明治から始まっていますから、修理技術も次第に磨きがかかってきて、技術的には昔とは比べものにならないほど進歩しています。ただし、昔は技術が低かったから駄目だというつもりはありません。そんなことを言ったら、昔の職人が怒りますす。どの時代であっても、現場の人間はその時代の一番すぐれた技術を注《つ》ぎ込んで修理をしようとしてきたのです。現代の私らが見ても感心するような上手な修理をしているところがたくさんありますよ。

しかし、奈良で保存修理の仕事をしている人間は、他の土地の人よりも恵まれているということは言えますな。とくに法隆寺があるというのが大きい。あそこは明治、大正、昭和と、日本中からすごい技術者が集まってきて、修理をしてきた。伝統的な木造建築の技術の粋《すい》が法隆寺の修理に注ぎ込まれてきたのです。そういうものを見るだけでもたいへんな勉強になるし、教えられるところもたくさんある。

奈良県の文化財保存事務所では昔から、法隆寺には一度は行っておけと言われています。法隆寺の保存修理工事を経験しなくてはいけないということです。私も若い頃、一年ほどの小さな工事ですが、法隆寺の「妻室《つまむろ》」の保存修理工事に従事しました。

妻室というのはお坊さんが住むところです。お寺さんなのに妻室という名前にしているのは面白いものです。この妻室は法隆寺の西院伽藍《さいいんがらん》の「回廊《かいろう》」の脇にあります。別に、「東室《ひがしむろ》」という建物もあるのですが、それは高僧がお住まいになる建物で、妻室のほうは若いお坊さんが住む。小さな房《ぼう》に一人か二人ぐらいずつ住むようになっていて、そういう房がいくつも連《つら》なっている。房ごとに入口がついています。勉強中の若いお坊さんのための寄宿舎《きしゅくしゃ》みたいな建物だったのです。

法隆寺は学問寺でしたから、昔は何百人というお坊さんがいたのです。言うたら大学のようなところやった。そういうお寺やったから、学生さんが住む場所も必要だったのでしょう。大湯屋《おおゆや》というお風呂などもありました。にぎやかなことだったでしょうね。しかし、現在はそんなに大勢のお坊さんはおりません。

すべての時代の「匠《たくみ》の知恵」が建ち並ぶ法隆寺

大きなお寺で建物もたくさんあるから、法隆寺は、いつ行っても、どこかしらで保存修理工事をしていることが多い。そやから、奈良県で文化財の仕事をしている人間なら、法隆寺の工事をしたことがないという人間はまずおらんでしょう。また、役所のほうでもできるだけ、若いうちに法隆寺の仕事を経験させるようにしています。

私らにとって、法隆寺はあらゆる意味でお手本であり、最高の教科書なのです。法隆寺には西岡常一《にしおかつねかず》さんという有名な宮大工さんもいましたが、西岡さんは幸福だったと思いますな。あの法隆寺でずっと仕事ができたのやからね。いろいろなことを法隆寺から学んだと思います。

法隆寺には、飛鳥《あすか》時代から江戸時代までの各時代の建物が全部揃っています。しかも、一番古い五重塔は世界最古の木造建築と言われています。そんなところは他にはちょっとない。そこがすごいのです。五重塔もすごいし、夢殿《ゆめどの》もすごい。伝法堂《でんぽうどう》もすごい。ひとつひとつの建物をとってもすごいものが多いのですが、各時代のものが並んでいるのが一番すごいところなのです。

私らにとってこんなにいい教科書はありません。飛鳥があり、奈良があり、平安があり、鎌倉があり、室町があり、江戸がある。日本で最初に世界遺産に登録されていますが、そうなったのも当然と言えば当然です。法隆寺はそれぐらいすごい。

「現物《げんぶつ》」がたくさんあることの幸せ

法隆寺の保存修理工事の現場に入れば、嫌でも、毎日、何かしら見ることになります。それが大きいのです。私らの仕事では、いくらたくさん本を読み、写真や図面を見ても、それだけでは駄目です。

現物を見ることに勝《まさ》るものはない。本を読んで、写真を見て、さらに現物を見るというのが最高でしょうが、一番大事なのは、現物を見るということです。私が担当した「妻室《つまむろ》」の仕事は短いものでしたが、それでも、すごく勉強になりました。その後も、法隆寺にはよく勉強にいったものです。

そういう点では、奈良で保存修理の仕事をしている人間は、他の土地で同じ仕事をしている人よりも恵まれていると思います。他の土地には法隆寺はないし、奈良のようにたくさん経験をしたり、他の人に教えられたりということも少ないでしょうな。その分、苦労が多いのではないでしょうか。

私らの仕事は何年経験があっても、わからないところが出てくるものです。そういう時に、いつでも相談できる人がいればいいのですが、古い建物が少ないような土地では、相談できる人もそんな多くはいないでしょう。

私も、もう県庁からは離れていますが、今でも、県庁にいた頃の私の教え子が相談に来たりします。来れば知っていることを教えますから、そういう形でも技術や知識が継承されている。

ただ、私らは奈良しか知らんというところに陥《おちい》りがちなのも事実で、そういうところは気をつけないとあかんでしょうね。

文化財の保存修理の仕事は、決して派手なものではありません。むしろ、地味なものです。立派に修理された建物だけ見れば、派手な仕事のように見えるかもしれませんが、そこに至るまでは地味な仕事の積み重ねです。しかし、最近は、若い人でこの仕事に興味を持ってくれる人も増えているようで、奈良県の文化財保存事務所にいる若い人の中には、京都大学を卒業してきた人もいます。こういう若い人たちが、これからどんなふうに成長していくのか楽しみですね。

唐招提寺宝蔵《ほうぞう》——「校倉造《あぜくらづくり》」に見る木造建築の原点

唐招提寺は私も若い頃に仕事をしています。昭和三十一年から三十三年にかけて「宝蔵」の修理工事を担当したのです。ここの宝蔵は「校倉造《あぜくらづくり》」で、唐招提寺にはもう一棟、経蔵《きょうぞう》という校倉造の建物があって、いずれも国宝に指定されています。私は宝蔵を全解体で保存修理工事をしました。

奈良には校倉が結構あります。正倉院《しょうそういん》、唐招提寺の他に、東大寺に三棟、東大寺に隣接した手向山《たむけやま》神社に一棟ある。いずれも奈良時代のものです。この頃の校倉が今も残っているのは奈良ぐらいのものでしょう。こういうところも奈良らしい感じがしますね。

校倉とは、三角に加工した木材を横に並べて組んで、壁にしているのが特徴的な建物です。この横に並べた木を「校木《あぜき》」と言います。校倉造と言うと、正倉院が有名ですが、正倉院のほうは三つの校倉をひとつの屋根でつないでいる。北倉《ほくそう》、中倉《ちゅうそう》、南倉《なんそう》の三つです。倉を三つも造ったのは、中に納めなくてはいけない御物《ぎょぶつ》がそれだけたくさんあったからです。ただし、今はほとんど空《から》になっていて、入っていた御物は現代的な収蔵庫《しゅうぞうこ》に移されているはずです。正倉院の校倉が素晴らしい建物であることはわかっていますが、火災にはちょっと弱いところがありますから、そういうところを考えて、御物を移した。

唐招提寺の校倉も正倉院の校倉と同じような造りをしていて、やはり素晴らしい建物です。正倉院の校倉と比べても負けていない。人間が住むための建物ではありませんが、この時代の校倉は、日本の木造建築技術ということで見れば、原点のひとつと言える建物だと思いますね。

千二百年も前に建てられたものなのに、今も立派に保《も》っている。何も塗っていない木のままで、土壁《つちかべ》もない。全部、木でできている。そういう建物なのに、今も残っているのは、木というものをよく知っていたからでしょう。唐招提寺の校倉の保存修理工事をした時は、見れば見るほどよく考えられているし、また、材料のヒノキも素晴らしいしで、知らず識らずのうちに仕事にも力が入ってしまいました。

唐招提寺宝蔵は、校木の組み方も実によくできています。校木を上手に組み合わせて壁自体で強度を出すとともに、高床式《たかゆかしき》の床には「ねずみ返し」までつけている。ねずみが入らないようにしているわけです。見たところは簡素でも、よく見れば、なかなかよく考えられた建物ですよ。大事なものを納めておくのに何が必要か、また、それにはどんな工夫をすればいいかということを考えて、ああいう形になっているのです。

現代の木造建築でも、「仕口《しくち》」（木材どうしを角度をつけて接合する技法。直角に接合することが多い）や「継手《つぎて》」（木材どうしをまっすぐに接合する技法。57ページ参照）などの技術が使われています。いずれも木を組み合わせる技法で、日本の木造建築技術の核になっているものです。仕口や継手があるから、釘を使わなくても、柱のような縦の部材と「桁《けた》」や「梁」のような横の部材が結び合うことができるし、また、釘を打ってつなぎとめるよりも強度的にもすぐれたものができる。しかし、その仕口や継手も、奈良時代の頃から次第に発達してきたものですから、この時代の建物が日本の建物の原点だったとも言えるのです。ちょっと偉そうに言えば、世界でも有数の日本の木造建築技術は歴史をさかのぼれば、奈良にまでたどり着くことになる。

現代の大工さんが使っている仕口や継手も、つまるところは、その頃の手法の延長です。多少の変化はありますが、基本的には、その頃の技術とほとんど変わらない。やはり先人の技術は素晴らしいですよ。彼らが考えた技術が千年以上たった今も残り、現に使われているわけですからね。

なぜ「瓦葺《かわらぶ》き」は三百年以上も保《も》つのか

校倉の建て方は、今でいったらログハウスですね。四隅《よすみ》の柱の他に、建物の中にも細い柱を立てていますが、建物にかかる荷重《かじゅう》の大半は校木が引き受けている。壁そのものが重量を支えている。その壁も三角形の木材を積み重ねているだけです。こういう手法で建物を造るのは、中国から渡ってきたものでもないし、他のどこから来たのでもない。日本人が独自で考えた手法です。

屋根は瓦葺きですが、その瓦にも工夫を凝らしています。瓦を屋根に固定しようと思ったら、現代ならば、細い銅線でも針金でも何でも使えますが、あの時代はそんなものはなかったから、瓦の裏に文様《もんよう》を刻んで、土を葺《ふ》いた「桟木《さんぎ》」に載せて叩き締めた。だから、文様が桟木に葺いた土に密着して滑《すべ》らない。銅線や針金なんかいらん。そうやって瓦が動かないようにした。

桟木というのは、垂木《たるき》の上にゆわえつける部材で、その上に土を葺き、さらに瓦が載るわけです。その桟木も、垂木の上に横に編むような形で並べるので、葺いた土も動かないで安定する。それだけの工夫をしているから、長い年月がたっている割りには傷《いた》みが少なくてすんでいます。瓦葺きというのは、しっかり葺いておきさえすれば、想像以上に耐久性が高いのです。二百年や三百年は葺き替えなしで保ちます。

これだけの知恵が注ぎ込まれた校倉ですから、素晴らしい建物になっている。私が唐招提寺の校倉を修理した時は、木の状態がいいことに驚かされました。建ててから千年以上もたっていれば、あちこちの部材が傷んできて、新しいものに替えざるをえないようなところも多くなるはずです。ところが、あの校倉はそんなにひどく傷んでいる部材はほとんどなかった。建立当時の部材をそのまま使って組み立て直すことができました。部材はもちろんヒノキ。それも奈良時代の素晴らしいヒノキです。取り替えたのは天井板が何枚かと、床板が何枚か。そんなものやった。

ただ、校倉については、いまだにちょっと勘違いしている人も多いようです。校木が湿度を調節する役目をしているという勘違いです。

湿気の多い時には積み重ねた校木が湿気を吸って膨《ふく》らんで隙間《すきま》を塞《ふさ》ぎ、建物の内部に湿気が入らないようにする。逆に、空気が乾燥している時には、校木が乾いて縮むから、隙間が大きくなり、建物の外の湿気を少しでも建物の中に入れようとする。そういうふうに考えている人が、今でも少なからずおられるようです。学校でもそう教えていた時期がありましたから、無理はないのですが、これはまったくの間違いです。校木はそんな働きはしません。

校木には屋根の重さがかかっていて、常に上から押さえつけられている状態になっています。もともと隙間ができないように校木を重ねていますし、上から重さがかかっているのですから、少しぐらい校木が膨張《ぼうちょう》しようが、縮もうが関係ありません。校木と校木が密着しているのに変わりはないのです。それぐらいで隙間などできるはずがない。

こういう勘違いを「ひいきの引き倒し」というのでしょうが、そんな無理をせんでも、校倉が誇るべき建物であることは、誰にも否定できないことだと思います。日本の木造建築技術のひとつの原点として、非常によく考えられた建物なのです。そこを評価してほし

1200年以上前のヒノキが、傷《いた》むことなく残っていた
唐招提《とうしょうだい》寺《じ》宝蔵《ほうぞう》（国宝）

いと思いますね。

木造建築の「粋《すい》」を示す、国宝・十輪院本堂《じゅうりんいんほんどう》

ところで、奈良見物に来られたお客さんなどから、「松田さんが見ていて、とくに素晴らしいと思うのはどこの建物ですか」と聞かれることがあります。こういう質問は答えにくいですわ。奈良市内に限らず、いいもんがたくさんありますから答えるのに困る。

しかし、強《し》いてあげるとすれば、奈良県の大宇陀町《おおうだちょう》にある大蔵寺《おおくらでら》「大師堂《たいしどう》」でしょうか。小さなお堂なのですが、姿が実にいい。すっきりと洗練された姿をしています。これは鎌倉時代の建物です。

さらに、もうひとつあげるとすれば、十輪院の「本堂」があります。これも国宝で昭和二十七年から三十年にかけて保存修理工事が行なわれ、私も現場に入りました。この建物は以前は武家屋敷だったのを移築して本堂にしたもので、やはり鎌倉時代の建物です。

また、薬師寺の「東塔」もきれいな姿をしていますな。あれはいつ見てもいい。三重塔なのに各重に「裳階《もこし》」がついているから六重塔にも見える。三重塔の割りには高い塔なの

十輪院本堂のすっきりと力強いたたずまい

ですが、裳階があるおかげでバランスが取れている。裳階というのは、飾りのためにつけた屋根のようなもので、裳階がなかったら間延びしてしまうところです（53ページ参照）。

法隆寺の西岡さんは、何でもいいから好きな建物を建てていいと言われたら、鎌倉時代の建物を造りたいと言っていたということですが、私も同感です。日本の伝統的な木造建築が頂点に達したのは鎌倉時代だったと思うからです。西岡さんと一緒に仕事をする機会に恵まれなかったのは残念ですが、もし、一緒に仕事ができたら楽しかっただろうなと思いますね。

私も今は県庁を離れて、自分で事務所を開いていますから、時々、新築でやってくれというお話が舞い込むことがあります。そういう時に、何を考えるかというと、まず、鎌倉時代の建物ですね。鎌倉時代の建物を基準にするというか、目標にして考える。私の好きな大宇陀町の大師堂も、十輪院の本堂も鎌倉時代の建物ですが、どうしても鎌倉時代の建物に目が行ってしまう。

薬師寺では、やはり亡くなった高田好胤《たかだこういん》さんが有名ですが、私が保存修理工事で薬師寺に行っていた時は、まだ管長《かんちょう》さんになっていなくて、副住職という肩書きでした。私よりも一〇歳くらい年上で、野球が好きな人でした。まだ参拝者も少ない頃で、伽藍《がらん》の中でノックしたり、キャッチボールをしたりしていましたし、若いお坊さんや出入りの人と一緒に野球チームをつくり、試合にも出かけていっていましたよ。

コボちゃん、コボちゃんと呼ばれていて、どこか人を惹《ひ》きつけるところがある人でした。そういう人だったから、管長さんにもなり、金堂《こんどう》、西塔《さいとう》、中門《ちゅうもん》を復元するという大きな仕事ができたのでしょうね。

古代の人々が五重塔に込めた「願い」

塔というものはいいものだと思います。何か魅力がある。ビルの陰からでも塔が見えれば、ああ、あそこに興福寺があるんだな、法隆寺があるんだなとわかる。そうわかっただけで、心が落ち着くような気がします。とくに奈良のようなところに住んでいるとそう感じますね。

車で走っていても、遠くに塔が見えて、あそこには千年以上も前から寺があるのやと思えば、胸の奥に何やら感慨《かんがい》のようなものが湧《わ》いてくる。現代の世の中に暮らしている私らでさえ、そんな気持ちになるのですから、奈良の都に暮らしていた人々が塔に寄せていた思いは格別だったのですやろな。その頃は今と違って仏教も盛んだったでしょうし、自然災害や疫病《えきびょう》などの影響を受けることも多かったでしょうから、塔を仰ぎ見る目にも切実な願いが込められていたと思います。

また、私らのように、文化財の保存修理という仕事をしてきた立場から考えれば、五重塔や三重塔に触ることができるというのは、他の建物とは別の喜びがあるものです。建物としては少し特殊な建物ですし、誰にでもできるというものではない。そういう数少ない建物の保存修理に関わることができるというのは、それだけでも魅力があることなのです。

私自身も塔の仕事をいくつできたかと言えば、「薬師寺東塔」と「室生寺五重塔」の二つしかない。保存修理の仕事をするようになったのが昭和二十六年ですから、五〇年近くも保存修理の世界にいたというのに、わずかに二つだけです。そのぐらい機会が少ないのです。

とくに五重塔は少ないですな。重要文化財になっている五重塔は全国に二五基しかないのです。そのうち国宝になっているのは半分以下の一一基です。それだけの数しかない上に、保存修理の時期が来るのは何十年とか百数十年に一回です。そうそうあるものではな

小さな塔にも匠の技が——元興寺五重小塔（国宝）

い。それなのに、私は塔の仕事を二つもできた。しかも、そのうちのひとつは室生寺五重塔の難しい工事やった。そう考えると、保存修理の技術者としては幸せなほうだと思います。

ひとくちに塔と言っても、いろいろな塔があります。そやから、塔に惹《ひ》かれて塔ばかり見てまわるという人もおるようです。その気持ちは私もわかるような気がします。

奈良の「猿沢《さるさわ》の池」のちょっと南に、元興寺《がんごうじ》（極楽坊《ごくらくぼう》）というお寺さんがありますが、ここの高さ五・六一メートルの小さな五重塔も有名です。海竜王寺の小さな五重塔と同じように屋内に置かれている塔です。海竜王寺の塔が最初から塔として造られていたのに対して、こちらは大きな塔を造るための模型として制作されたらしい。

元興寺の寺域《じいき》だったところから五重塔があったことを示す礎石《そせき》が発見され、その礎石から計算したら、今の小さな五重塔をそのまま大きくすれば、礎石にピタリとおさまるとわかって、大きな五重塔を建てるための試作品だったのではないかと言われているわけです。礎石から計算した五重塔を十分の一に縮尺《しゆくしやく》すると、この小さな五重塔になる。

元興寺は元は「飛鳥寺《あすかでら》」と言って、五九六年に飛鳥の地にほぼ完成した、日本で最初のお寺です。それは大きなお寺やったということです。しかし、平城京が開かれると奈良に

日本最小の海竜王寺五重小塔（国宝）

移って元興寺と名前を変えた。この小さな五重塔が制作されたのも奈良時代で、国宝になっています。昭和四十年に解体修理をしています。

海竜王寺の四・〇一メートルしかない五重塔も奈良時代のもので、小さいながら素晴らしい塔です。なりは小さくても味がある。仕事もビシッとしています。

海竜王寺は平城京の鬼門にあたる東北の角《かど》にあることから、隅寺《すみでら》とか角寺《かどでら》とか言われていました。金堂《こんどう》が真ん中にあって、その左右に西金堂《にしこんどう》と東金堂《ひがしこんどう》という小さな建物があり、東西の金堂のそれぞれに小さな五重塔が納められていた。小さな五重塔が二つ並んで都の鬼門を守っていたわけです。ただし、東金堂はその後失われて、今も残っているのは西金堂だけです。

梁《はり》の湾曲が美しい「二重虹梁」

五重小塔が安置されている海竜王寺西金堂

落雷で焼失した「斑鳩《いかるが》の三塔」のひとつ、法輪寺《ほうりんじ》三重塔

文化財の保存で怖いのはまず火事、それから落雷です。高田好胤さんと西岡棟梁が復元した薬師寺の西塔も、元の塔は火災に遭《あ》ってなくなっています。とくに落雷は気まぐれなところがあるから怖いのです。斑鳩《いかるが》にある「法輪寺《ほうりんじ》の三重塔」も、飛鳥時代のものがずっと残っていたのに、昭和十九年に落雷で燃えてしまいました。「法隆寺の五重塔」、「法《ほっ》起寺《きじ》の三重塔」と並んで、「斑鳩の三塔」とまで言われた塔だったのに、雷ひとつで呆気《あっけ》なく燃えてしまった。

法起寺の三重塔は、現存する三重塔としては日本最古のものです。七〇八年の建立で、法隆寺と同じ飛鳥時代に建立されています。余分な装飾がなくて、実に力強い雰囲気の塔です。残念ながら、この塔の保存修理に関わる機会はなかったのですが、つい最近、南門《なんもん》の傷みが激しくなって直したいから設計してくれと頼まれて、息子を連れて一日がかりで実測に行ってきました。息子は私らの仕事とは畑違いの自動車会社で金型《かながた》関係の仕事をしています。

法輪寺三重塔——昭和19年焼失以前の、貴重な姿

その時、しばらくぶりに法起寺の三重塔を見ましたが、やはりいいものでした。春の桜、初夏の緑、また、秋の紅葉、冬の雪と、それぞれに似合う。この塔をぽんと真ん中に置いてみれば、どんな季節でも季節が映える。そんな感じの塔です。

それにつけても、法輪寺の三重塔が焼失してしまったのは、まったく残念なことでした。千何百年の間には、雷なんていくらもあったでしょう。昭和十九年に雷が落ちた時も、落ちるところがちょっとそれてくれさえすれば、何ということはなかったはずやから、これは不運としか言いようがない。法輪寺の三重塔は、その後、作家の幸田文《こうだあや》さんがいろいろなところに働きかけて、昭和五十年に再建されましたが、飛鳥時代の三重塔は永遠に失われてしまったわけです。

雷から文化財を守ろうと思ったら、避雷針《ひらいしん》をつければ少しはいいのでしょうが、それで安心というわけにもいかないようです。私は文化財の防災の仕事も一〇年ほどやりましたが、どこまで効果があるのか、いまだに確信をもって大丈夫だとは言いにくい。避雷針で雷を呼び込むのか、それとも地中の電気を避雷針から放電するのか。そこのところがよくわからない。

また、避雷針はたいてい高いところに立てるもので、東大寺の大仏殿でも一番高いところに避雷針が何本も立っている。ところが、その避雷針には雷が落ちないで、軒先の下にある石にバーンと落ちたこともある。

そういうところを見ると、どうも、雷は高いところに落ちると決まっているわけでもないような気がするのです。そやから、避雷針をつけるに越したことはないとは思うのですが、いまだに雷は怖いですわ。避雷針さえつけておけば万全だと思ってはいけないのではないか。そんな気がします。とくに文化財の場合、かけがえのないものばかりなのですから、念には念を入れて防災を考えておく必要があると思います。

五重塔は、宮大工の永遠の憧《あこが》れ

海竜王寺の、小さな五重塔が納められている西金堂《にしこんどう》の保存修理工事も、私が担当した工事のひとつです。五重塔そのものは明治時代に修理が行なわれています。私らの工事の時は西金堂と経蔵《きょうぞう》の二つの建物を直しました。これは昭和四十年から四十二年にかけての仕事です。

西金堂も奈良時代の建物です。鎌倉時代に大きな修理をして少し変わっているところもありましたが、それでも、奈良時代の「二重虹梁《こうりょう》」がそのまま使われていたりして、なかなか見事な建物でした。虹梁というのは梁《はり》の一種ですが、ちょうど虹のように中央のところが上に湾曲《わんきょく》した格好になっていることから、こういう名前がついた。梁が真っ直ぐだと圧迫感があるからです。それが二重にかかっているのを二重虹梁と言います（117ページ参照）。

西金堂の修理では、基壇の石を伊豆《いず》まで買いに行ったりしました。石の良《よ》し悪《あ》しというのにもこだわりますから、木材だけではなく、技術者はほんとうにいろいろなことを知らないとあかんのです。

今の宮大工さんでも一度は塔を造ってみたいと思っている人は、少なくないのではないかという気がしますね。今のような時代では、昔のようないいヒノキは手に入れにくいし、難しいところも多いと思うのですが、五重塔でも建てることができたら、それはやりがいのある仕事になる。私だって、できることならやってみたいと思いますよ。

室生寺の五重塔の修復工事をしていた時には、神戸《こうべ》の大工さんが現場に通ってきて、だいぶ熱心に見ていました。それも一人じゃなくて兄弟二人で来ていた。なぜ、そんなに熱心なんやと尋ねたら、自分らも五重塔を建てたいから、勉強に来ているということでした。そこまで言われたら私も黙っているわけにはいきません。何やかやと相談に乗ってあげました。まさか、室生寺の五重塔と同じものはできないでしょうが、模型を造るぐらいのことはできるように教えましたから、そのうちに、海竜王寺や元興寺のような小さな五重塔を造った人がいるというニュースが、神戸あたりから出てくるかもしれませんな。

木を「ソツ」にする多宝塔《たほうとう》

奈良には文化財がたくさんある。だから、奈良の宮大工さんは腕がいい人が多いだろうと言う人がいますが、正直、私らは県庁にいる間は奈良県内の仕事しかしてないから、他県の宮大工さんがどういうものか、はっきりしたことはわからへん。ただ、私らのような技術者と同じように、奈良にいれば、いろいろなものを見て勉強したり、保存修理工事をたくさん経験したりできます。チャンスが多い。そやから、奈良の宮大工さんは、他県で仕事をしている人と比べたら、多少は有利なところがあるだろうなということは言えると思います。

私の知っている宮大工さんで、「多宝塔」を一人で造ろうとしている人もおりますよ。

多宝塔というのも塔のひとつで、多宝塔を造ろうということになったら、五重塔や三重塔とはまた違った難しさがあります。奈良には重要文化財に指定されている多宝塔は、法隆寺の近くの吉田寺《きちでんじ》と橿原神宮《かしはらじんぐう》の隣の久米寺《くめでら》の二つのお寺さんにしかありません。多宝塔は、五重塔や三重塔ほど大きなものではないのですが、構造がややこしい。何重の塔かと言われたら二重ということになりますが、ただの二重ではない。初重は四角でいいのですが、その上に載る二重は円筒形《えんとうけい》で、しかも、屋根は初重も二重も四角。木の組み方が複雑になる。

木の組み方が複雑になれば、無駄になる部分も多くなる。同じ大きさの角材から部材を取るにしても、真っ直ぐな部材ばかりだったら三本取れるところでも、多宝塔では曲がった部材がたくさん必要になりますから、角材からひとつしか部材が取れないというようなことが増えてくる。

私らの言い方だと、これは木が「ソツ」だ、ということになるわけです。ソツいうのは「そつがない」などという時の「そつ」と同じような意味です。部材が複雑になるから、無駄になるところも多くなる。ソツ（無駄）が出てくる。そういうややこしいものだけに、きれいにできた多宝塔はなかなか見ごたえがあるものです。うまくできた多宝塔を見るのはいいものですよ。

この人は、それを一人で建てようとしているわけです。年は私よりも三、四歳上やから、もう七〇を越えているはずです。私らが南法華寺《みなみほっけじ》（壺阪寺《つぼさかでら》）というところの保存修理工事をしていた時に、工事を請け負《うお》った建設会社から現場に来ていて、一緒に仕事をしたのですが、その頃から実に腕のいい大工さんでした。とにかく「勘定《かんじょう》」が立つ。

私らは図面を書いて、それを大工さんに渡し、大工さんはその図面をもとに木に墨《すみ》をつけて、図面通りのものができるように仕事をしていく。それが、だいたい、いつものやり方です。この時、図面を見るだけで、どんなふうに木を加工していけばいいか、ぱっぱっと理解して、仕事を進めていける大工さんを、「勘定が立つ」と言います。頭の中で計算ができる人という意味ですな。

勘定が立たない大工さんと仕事をすると、どういうことになるかというと、図面を渡すだけでは仕事が終わらないで、私らが付きっきりで、いちいち原寸《げんすん》の図面を板に書いて教えてやらんと仕事が進まない。部材の形を原寸そのままで書くのを「原寸引き付け」と言います。

私らが原寸引き付けをやるのはちっとも構わないのですが、それだけ余計な時間がかかってしまう。勘定が立つ大工さんなら、図面を渡してしまえば、後は安心してまかせておけるから、そんな苦労をしないでいいわけです。大工さんがすべて呑《の》みこんだ上で木を切っていくのですから、部材の加工を間違えるということも少なくなる。仕事がはかどる。

「勘定《かんじょう》が立つ」大工の腕の見せ所

大工さんなら誰でも勘定が立つというのが理想ですが、現実はそういうわけにもいかない。勘定が立つかどうかは、どれだけ経験を積んでいるかということもあるし、頭が勘定に向いているかどうかということもあるから、ほんとうに勘定が立つ大工さんというのは、そうそういるものではないのです。

しかし、この大工さんは、数少ない勘定が立つ大工さんでした。だから、どんどん仕事が進む。勘定が立つだけでなく、仕事も手早い。よくしたもので、私らの工事が終わった後、結局そのまま南法華寺（壺阪寺）専属の宮大工になりました。

法隆寺の西岡常一さんも、家は代々、法隆寺専属の大工をしていて、いわゆる法隆寺大工でしたが、それと似た形になった。壺阪寺大工という言葉があるのかどうか知りませんが、昔から、大きなお寺などでは、そこの仕事だけをする出入りの大工がいたものです。

この人はその後、いろいろなお堂を建てたりしていましたが、ついに、ややこしい多宝塔にかかった。たまたま会う機会があったので、最近、どうしているのやと聞いてみたら、自分で図面を書いて多宝塔を建てているというのです。どんな図面や、見せてみいと言って、見せてもらうと、図面もちゃんとしている。「こら、ようできとるの」と誉《ほ》めたら喜んでいました。多宝塔を建てるには、いろいろとややこしいことがあるだけに、大工さんのほうも力が入るのでしょうな、この人も張り切って仕事をしている様子でしたわ。

こういう塔ひとつ建てるにも、経験や勉強は生きてきます。そういう意味でも塔は大工さんの腕の見せ所なのです。社寺の建物を見るのが好きで、あちこち見てまわっておられる方の中には、五重塔や三重塔ファンはいても、多宝塔ファンというのはあまり聞いたことがありませんが、私らにしてみれば、多宝塔もなかなか捨てがたい味がある。いつの時代のものかなどということにこだわらなければ、多宝塔は、意外とたくさんありますから、機会があったら見ておいても損はないと思います。

3章　歴史を映し出す「木造建築」の魅力

――時代とともに姿を変え続ける建物を追って

創建当時からの変遷《へんせん》を推理する

重要文化財の保存修理と言うと、何か、昔のものを大事に大事に手入れして、そのままの形で保存する仕事のように思われるかもしれませんな。できるだけ「現状」を変更しないようにして、後世に残していくと。

そやけど、われわれの仕事は、そういうものばかりではないんです。場合によっては、こんなに変えはったんですかと驚かれるぐらい変えてしまうこともありますよ。毎度、毎度、そのままの姿に復元するというわけでもないのです。

現存している日本の伝統的建物の中には、何百年もの間に、世の中の変化やそのお寺さんの栄枯盛衰《えいこせいすい》にしたがって、姿を変えてきたものもようけあります。

それに建物にもいろいろあります。最初から一〇年か二〇年保《も》てばいいという気持ちで建てるものもあれば、何百年も保ってほしいと思って建てるものもある。お寺や神社の建物はだいたい後者のほうでしょうね。

そういうお寺や神社でも、世の中が変わって、こらどうも時代に合わんなということになれば、時代に合わせて手を加えることになるわけです。また、盛っていた寺が衰えて、経済的に苦しくなり、修理したくてもその費用がまかなえなくて、仕方がないから、簡単な修理ですませることにして、建物の姿が変わってしまうこともあります。

建物も人間とともに生きているのですから、これはやむを得ない。長い間にはいろいろな事情で変わっていくものなのです。そやから、保存修理もこれを考えないといけないということになる。そして、今はこういう姿をしているけれど、この建物は本来はこういう姿をしていたということが判明すれば、前の姿に戻すこともあります。これを私らは「現状変更」と言っています。

現状変更は気軽にできるものではありません。重要文化財や国宝に指定されているような建物は、その姿で指定されているのですから、ちょっとやそっとのことでは、役所も変更を許しません。専門家も納得するだけの理由がないとあかん。

そのため、これは実はこういう姿だったのではないか、ああいう姿だったのではないかと、証拠をさがし、脳みそをしぼるようにして考える。それがこの仕事の面白いところでもある。この点では私らの仕事は刑事さんとちょっと似たところがありますな。しかも、何百年も前の人間がしたことを推理するのですから、刑事さんよりももっと難しいところがあるかもしれん。

また、刑事さんの世界には「現場百遍」という言葉があるそうですが、これも同じですな。困ったり、行き詰まったりしたら、百回でも現場に戻ってみる。そして、現場をよく見る。見落としているものはないか。何かヒントになるものは残っていないかと、現場を見直す。これに尽きますね。そうやって創建当時からの変遷《へんせん》を解明していくのは簡単なことではありませんが、難しいからこそ喜びも多いわけで、このあたりが私らの仕事の醍醐味《だいごみ》なのです。

辻褄《つじつま》の合わない部分を、いかに見つけるか

当初の姿を変えていれば、必ず、どこかにその痕跡が残っているはずなのです。ある部分だけ用材が違っていないか、加工の仕方が違っていないか、おかしな釘跡やノコギリ跡がないかと、それこそ、鵜《う》の目鷹《たか》の目《め》で調べまくる。すると、どうしても辻褄《つじつま》が合わんところが出てきたりするわけです。創建当時と同じ姿になっているなら、なぜ、こんなところに釘跡があるんやとか、あそこのところは風化《ふうか》の具合がおかしいやないかとかね。

そういうものをいろいろ考え合わせていくと、最後には、創建当時のほんとうの姿がわかってくる。調査を進めるとともに夢が広がっていくわけです。ここのところは、この時代の修理で変わっているし、あそこは、さらにその後の修理で変わっているという具合で、何百年もの時代をまたいで、その建物が創建当時からどんなふうに姿を変えてきたかということが全部わかるぐらいになればしめたものです。

だが、そういう時に怖いのが思い込みです。人間には思い込みや勘違いはつきものやから、うっかりすると間違えてしまったりする。文化財の保存修理ではこういう間違いを犯すとたいへんなことになります。いったん修理がすんでしまったら、次の修理は何十年後か何百年後かになるわけで、その間、間違ったままの姿をさらしてしまうことになりますからね。

いや、それだけなら、まだましかもしれん。もっと怖いことがある。もし、後世の人が間違った姿が正しい姿だと信じてしまったら、次の修理でもそのままの姿で通ってしまうでしょう。そうなると、正しい姿は永遠に失われるのです。そういうことを防ぐためにも、現状変更は慎重な上にも慎重な調査をした上で行なわないといけないのです。

とにかく、よくよく現物を見て、じっくりと考える。推理も思い切りめぐらす。その上で、どこからどう突っ込まれてもきちんと説明できるというところまで固まったら、よし、これは現状変更で行こうと決断するわけです。ここはどうなっていたのかと尋ねられて、しどろもどろで答えに窮するようなところが残っていたらアウトです。

「手を合わす思い」を受け止める姿が肝要《かんよう》

また、過去の修理工事で何度か姿を変えている場合には、どの時代の姿に戻すのが一番いいのかということも判断しないといけません。創建当時はこういう姿だったということがわかったとしても、そこまで戻したら、今の時代にはとても合わないということだってありますからね。

室生寺五重塔でも、板葺《いたぶ》きにまで戻すことはしなかった。そこまでやれば創建当時の姿にはなりますが、誰も納得しないでしょう。あの塔が檜皮葺《ひわだ》きに変わってからの長い歴史や人々の思いというものも無視できないのです。

そうやって資料も完璧に用意して、この時代の姿に戻したいということが決まったら、最後は文化庁の審議会です。ここで現状変更を最終的に承認してもらう。審議会を通らなかったら現状変更はできません。

そういうわけですから、徹底的に調査をして、創建当時の姿を突き止めたとしても、必ずしもそれが形になるわけやないのです。何度目かの修理の頃の姿に戻したら、後は修理報告書の中に創建当時はこうやったということが残るだけで、一般の人にはなかなかわかってもらえないでしょう。ここはちょっとさみしいところでもありますが、それはそれでいいとも思っています。

この建物は創建当時はこうで、今、目の前にあるのはそれから何百年かあとに変えた時の姿やなどということは、専門家ならいざ知らず、お参りに来はる人たちのみんながみんな、そういうことに興味を引かれるというわけでもない。建物がどうやこうやという難しいことはわからんが、とにかく、このお寺さんに来て手を合わせれば、気持ちが安らぐのやという人だって多い。そういう人たちの思いを受け止めてくれる姿になっていればいいんであって、いや、この建物は私らが調査してこういう姿にしたのや、などということを言いつのるようなことは、まったく余計なことでしかないでしょうからな。

「解体調査」がなぜ最重要なのか

現状変更をするにせよ、しないにせよ、文化財の保存修理の技術者としての立場から言わせてもらえば、修理工事というものは解体調査が勝負です。ほどいていくのんが一番大事。その建物がどんなふうに建てられて、建物としてどんな歴史をたどってきたのか、それをうんと細かいところまで調べておかないとあかん。そやから、調査にはものすごく時間をかけます。

その後の組み立てや仕上げの段階になれば、極端な話、私らが横を向いていても、自然とできあがっていくところがありますが、解体調査はそうはいかん。われわれ技術者が現場に張り付いて、徹底的に調査していかなあかんのです。万一、解体の途中で大事なところを見落としてしまったら、ある時代の修理の経過が消えてしまうということもありますからね。

たとえば、塗《ぬ》りの壁の場合、何層にも塗られているうちのどこかの層に修理の跡が残っていることがあるのですが、乱暴に塗りを落としていったら、その痕跡がきれいに消えてしまう。塗りを落としたら、ただの土くれになってしまいますから、そこにどんな跡が残っていたのやら、わけがわからんようになる。そやから、解体の時は、大きく目を見開いて、見落としがないようにせなあかんのです。

たとえば、ここは漆《うるし》で塗られているけど、他のところと考え合わせていくと、この漆の下には、必ず穴があるはずやというような推理をして、漆を剝がす時はそのつもりで見ていく。

何でもかんでも丁寧《ていねい》にやれというのとは違うのです。よく虚心坦懐に見るとか、頭の中を真っ白にして見るということを言いますな。先入観にとらわれないようにするという意味では、そういうこともいいのですが、ほんとの虚心坦懐、頭の中は真っ白ということでも具合が悪いところがある。だいたい、そんなことはそうそうできることでもない。

むしろ、頭の片隅に、ここはこうなっていたのではないかという疑問を置いて、ものを見ていくほうがいいと思いますね。ある方向性をもって見る。あるストーリーを前提にしてものを見るということです。しかし、その方向性やストーリーで目が曇ってしまうようでもいけません。これは違うなということがわかったら、それまでの考えはあっさりと捨てて、頭を切り替え、別の考え方をしてみるという潔《いさぎよ》さと柔軟さがないと困るでしょうな。このあたりの気持ちの持ち方が、知識とは別の意味で私らの仕事の勘所《かんどころ》といえるかもしれません。世の中にはいろいろな仕事があって、経験が大事だと言われますが、なぜ大事かというと、経験を積むことによって、その仕事に合った気持ちの持ち方がぴたりと決まってくるからだと思いますね。

鑑真和上《がんじんわじょう》の弟子《でし》が創建した「円成寺本堂《えんじょうじほんどう》」

奈良市中心部から東に一二キロほどの山間《やまあい》に、円成寺という真言宗《しんごんしゅう》の古寺があります。地名で言うと奈良市忍辱山町《にんにくせんちょう》。ちょっと変わった地名のように思われる人も多いでしょうが、この町名からして由緒《ゆいしょ》のあるものなのです。忍辱山はこの地域一帯の山号《さんごう》でした。円成寺は徳川吉宗《よしむね》の時代の享保《きょうほう》年間には、東西二十数町《ちょう》、南北十五町余りの広大な地域、現在の忍辱山地区全域を寺地《てらち》とする、大きなお寺でした。

「忍辱《にんにく》」は、仏教では非常に重要な修行と考えられています。布施《ふせ》、持戒《じかい》、忍辱、精進《しょうじん》、禅定《ぜんじょう》、智慧《ちえ》の六つの行によって修行をしなければならないと定められている。忍辱とは、どんな恥辱《ちじょく》にも耐える修行のことです。

円成寺の開創はお寺の縁起《えんぎ》（由来）によると、孝謙《こうけん》天皇の御代《みよ》の天平勝宝《てんぴょうしょうほう》八年（七五六年）までさかのぼります。鑑真和上《がんじんわじょう》に随行して唐《とう》からやってこられた虚瀧《ころう》和尚が、聖《しょう》武《む》・孝謙両天皇の勅願《ちょくがん》をうけて、この地に開創したと伝えられています。

このあたりは海抜三八〇メートルもあり、周囲を山に囲まれた静かなところです。すぐそばを梅林《ばいりん》で名高い月ヶ瀬《つきせ》街道が通っていて、今なら車を使えば奈良の中心部からたいした時間はかかりませんが、当時は都の平城京から遠く離れて、仏教の修行に打ち込むには最高の環境やったのでしょうな。

その後、室町時代の「応仁《おうにん》の乱」（一四六七年から一四七七年まで）の戦火によって、本堂をはじめとする堂塔のほとんどが焼失しましたが、すぐに再建に取り掛かり、永正《えいしょう》八年（一五一一年）には落慶法要が行なわれています。現在の円成寺本堂はこの時のものですから、ざっと五百年ほど前の建物ということになります。

ひと目でわかる本堂の「おかしさ」

しかし、明治維新の後の廃仏毀釈《はいぶつきしゃく》の大波を受けて、円成寺の勢いは大きく衰えてしまいました。お寺が衰えれば宝物什器《ほうもつじゅうき》もどこに行ってしまったかわからんようになるし、修理も思うにまかせなくなるというわけで、どんどん荒れていった。私がこのお寺の保存修理工事を担当した昭和三十三年頃には、往時《おうじ》の繁栄はまったく見る影もないという哀れな姿になっていました。

ちょっと乱暴な言い方をさせてもらえば、ほんま、ボロボロやった。雨漏りだらけであちこち腐っているし、白蟻《しろあり》に食われてしまったところもたくさんあるしで、だいたい、格好からしておかしかった。

円成寺本堂は阿弥陀堂《あみだどう》形式で、本来はなかなかいいものなのです。阿弥陀堂形式では、お堂の中心に阿弥陀如来《にょらい》像を置き、その周囲の柱や壁に絢爛豪華《けんらんごうか》な細工や絵をほどこします。また堂内の屋根裏（天井）も、仏像を安置している場所の天井以外は、屋根の傾斜に合わせて斜めになっているという特徴があります。平等院鳳凰堂《ほうおうどう》がその代表的なものです。

ところが、円成寺本堂を初めて見た時、ひと目でこれは何かおかしなことをやっているなとピンときました。工事が始まったのが昭和三十三年ですから、予備調査のために現地に行ったのはその前年ぐらいやったでしょうね。私が吉野《よしの》工業高校の建築科を出て県庁に入ったのが昭和二十六年三月で、文化財の保存修理の仕事を始めてから七年目ということになりますか。まだまだ若造ですよ。そやけど、この建物はそれぐらいの若造が見てもすぐにわかるぐらいにおかしな格好をしていた。143ページの写真を見てください。これが修理前の本堂の姿ですが、この写真を見てなんかおかしいな、変だなと思われたなら、なかなかええセンスをしていますな。

具体的におかしなところを見ていきましょうか。まず「破風板《はふいた》」が妙だった。屋根の上の部分で「山形《やまがた》」になっているところがありますよね。その山形になったところに、山形の傾斜に沿って打ち付けてある細長い板が破風板です。破風板は、垂木《たるき》を隠すと同時に飾りの役目も果たします。略して単に「破風」とも言います。

円成寺本堂の破風は、「縋破風《すがるはふ》」が二重に付くという凝《こ》った形式になっている。縋破風というのは文字通り、大きな破風に縋るようについている小さめの破風のことです。その縋破風にさらに縋破風がついているわけです。かなり技巧《ぎこう》的な破風になっているわけで、昔の大工さんが工夫を凝らしたところです。

その大事な破風が、いかにも無骨《ぶこつ》でギクシャクしたものに見えた。破風と破風の継ぎ目のあたりの屋根がきちんと納まっていればいいのですが、瓦《かわら》を載せた屋根を乱暴につなぎあわせたようになってしまっていて、まず、ぜんぜん美しくないし、せっかくの工夫がちっとも生かされていない。縋破風がついているような屋根は複雑な曲線を描くことになりますから、その複雑さを無理なく見せるのが腕の見せ所なのですが、これでは台無しです。

この不格好な破風を見ただけで、これは元から瓦だったのではなく、檜皮《ひわだ》だったのではないやろかと直感しました。檜皮なら瓦よりもずっと厚みがあるし、破風と縋破風がつながっているあたりも、無理なくきれいな曲線で納まる。この瓦の屋根は後から変えたのだろうと思ったわけです。

破風板《はふいた》

昭和33年、保存修理前の姿

右のような〝瓦の納まり方〟では、
縋破《すがるは》風《ふ》の美しい屋根も台無しだ

向拝《ごはい》の縋破風板　縋破風板

「廃仏毀釈《はいぶつきしゃく》」が残した傷跡

工事が始まると、まず、手をつけるのは屋根からです。屋根を解体してから天井、壁、柱、床という順に解体していく。建物を造る時は下から組み立てていきますが、解体する時は上から解体していくのです。円成寺本堂でもまず瓦を剝がし、その下にある屋根板をはずし、天井裏に入ってみたら、案の定、檜皮の屑《くず》がたくさん散らばっていた。寺の記録でも、明治十八年から二十一年にかけて半解体修理を行ない、その時に檜皮を瓦に変更したという記録が残っていました。檜皮葺きを瓦葺きに作り替えた理由は、端的に言って資金不足でした。檜皮よりも瓦のほうが長持ちしますから、葺き替えを少なくできる。そのため瓦にしてしまったのです。

この明治の修理で変更したところは屋根の瓦以外にもたくさんあって、全部で一二項目にもわたっていました。資金不足とは言え、まったく思い切って変えたものです。おまけに、どういう事情があったのか、余計な変更をしているところも多い。

屋根から天井、壁と解体調査が進むにつれて、首をひねるようなところが次々に出てきました。新しい部材を使っているところはすぐにわかるからいいとして、では、その前はどういうことになっていたのか、それを解明するのにあれやこれやと考えさせられてしまいました。

明治の修理をした人々も、良かれと思ってやったのでしょうが、文化財保存工事の専門家という立場から見れば、実に勝手な変更をしていましたね。行き当たりばったりに仕事をしているとしか思えないところも少なくなかった。廃仏毀釈のあおりから立ち直れないうちに、本堂の傷みが放置できないところまで進んでしまい、資金的にも大きな制約のある中で、精一杯の修理をしようとしていたため、元からのものを守るところまで頭がまわらなかったのでしょうか。いずれにしても、おかげで私らが苦労することになったというわけです。

廃仏毀釈の影響で言えば、円成寺には、昔は多宝塔もありました。ところが、昭和三十三年から三十五年にかけて修理工事をした時には、すでに多宝塔はなくなっていて、こんもりとした土盛りだけが残っていました。明治の頃に関東のほうに買われていったということです。解体してまた組み立てれば使えますからね。

多宝塔を売り飛ばしたなどというと、いかにも乱暴なように聞こえるでしょうが、あの頃はそういうことが珍しいことではなかったのです。経済的に苦しくなった寺も多かったから、背に腹はかえられずで、仏さまはもちろん、建物まで売ってしのいだところがたくさんあったという話を聞きました。

円成寺のような立派なお寺でさえ、思うような修理ができなかったり、多宝塔を売ったりしたのですから、よほど苦しかったのでしょうな。興福寺の五重塔も売りに出されたことがあったのですが、買い手がつかなかったため残ったという話もよく知られています。

余談になりますが、昭和の修理の際にお寺さんにお願いされて、私が新たに和様《わよう》の多宝塔を設計させてもらいましたので、今の円成寺には多宝塔があります。

失われた「化粧裏《けしょううら》」の美しさ

円成寺本堂の修理の話に戻ると、天井《てんじょう》も明治の修理でまるで違うものになっていました。もし、今の時代にこういう変更をしたら大騒ぎになっているでしょうな。

阿弥陀堂形式では本堂の中から屋根裏が見えるようになっているものです。この屋根裏に見える板を「化粧裏板《けしょううらいた》」と言います。そして、阿弥陀堂形式のお堂のように、「化粧裏板」が下から見える時は、「垂木《たるき》」や化粧裏板にカンナをかけたりして見栄《みば》えをよくします。化粧裏板をきれいに白く塗ることも、よく行なわれます。阿弥陀堂形式のお堂の場合、本堂を美しく見せる上で屋根裏はとても大事なところなのです。

こういう屋根裏を「化粧裏」と言いますが、化粧裏は当然、下から見上げると建物の中心から外側に向けて下がっていく。屋根の傾斜に合わせて、天井である化粧裏も下がるわけです。この変化が動的な印象を与えることにもなるのですが、明治の修理では、なんと、化粧裏を無視して、水平に天井を作り替えていたということが私らの調査で判明したのです。

作り替えられた水平の天井を「棹縁《さおぶち》天井」といいます。化粧裏板も白く色を塗ることもなく、普通の「天井板《いた》」となり、元々は垂木だった部材も「棹縁」として、数を三分の一ほどに減らして、天井に転用されていました（149ページ参照）。

なぜ、そんな修理をしたのか、その理由は、今となってはよくわかりません。垂木や化粧裏板をきれいに仕上げるのは手間がかかりますし、それなりの木材も使わなくてはなりませんが、天井を水平に張ってしまえば、手間がかからないと思ったのですやろ。とにかく、阿弥陀堂形式なのに、見上げたところに水平の天井があるというわけのわからんものになった。

そのうえ、斜めになっているべきところを無理に平らにしたのですから、柱の高さを揃えるのに困ったようで、低いほうの柱の上に新しく造った「斗栱《ときょう》」を挟《はさ》み込んだりして辻褄《つじつま》を合わせていた。

この斗栱が新しいものだということはすぐにわかりました。古いものを修理して使っているのなら、どこかしら古いものが残っているはずなのですが、全部、新しいマツ材で斗栱を造っていたからです。

斗栱というのは、柱と横材を組み合わせるための部材です（151ページ参照）。まず、柱の上に「大斗《だいと》」と言われる四角い部材を載せ、さらに大斗の上に「肘木《ひじき》」と言われる部材を載せる。肘木は人間の肘から連想してつけられた名前だと思いますが、横長に加工した材です。肘木は栱とも書き、斗と栱を合わせて斗栱という言い方をするのです。斗は「ます」とも読みます。

さらに付け加えると、肘木の両端に「巻斗《まきと》」と言われる材を載せ、中心部のちょうど柱の上にあたるところには「方斗《ほうと》」と言われる材を載せ、巻斗と方斗で横材を受けます。

斗栱はどんどん重ねていけば、かなり高くすることができます。外から見えるところに

円成寺本堂修理前内陣《ないじん》

斗栱《ときょう》を無理に加えて、平らな「棹縁《さおぶち》天井」とし本来の美しさを失っている

円成寺本堂修理後内陣

垂木、化粧裏板、屋根裏の傾斜という、完璧な「阿弥陀堂形式」

重厚な斗栱や華麗な斗栱を使えば、いい装飾にもなって、建物の見栄えをよくします。

斗栱には釘《くぎ》は使いません。木と木を組み合わせているだけです。このため、地震などで横から力がかかっても、横からの力を上手に吸収することができます。日本は世界に名だたる地震国でありながら、千年以上も前の木造の建物が倒れもせずに少なからず残っているのは、ひとつには斗栱というすぐれた知恵のおかげでもあるのです。

ところが、明治の修理で付け加えられた新しい斗栱は、建物の強度を確保するなどということよりも、ただ、平らな天井を張るためのものやったのです。まったくひどいことをするものです。

釘跡でたどる「垂木《たるき》」の納まりどころ

天井を平らにしてしまった結果、屋根裏の垂木《たるき》も余ることになりました。垂木は間隔が詰まっているほうが美しく見えるものですから、化粧裏では垂木の数が多くなります。ところが作り替えられた「棹縁天井《さおぶち》」では美しさなんて追求していませんから、三分の一ほどの数に減らして「棹縁」として転用していました（149ページ参照）。

釘を使わず、「木を組み合わせる」のが斗栱《ときよう》の強さの秘密

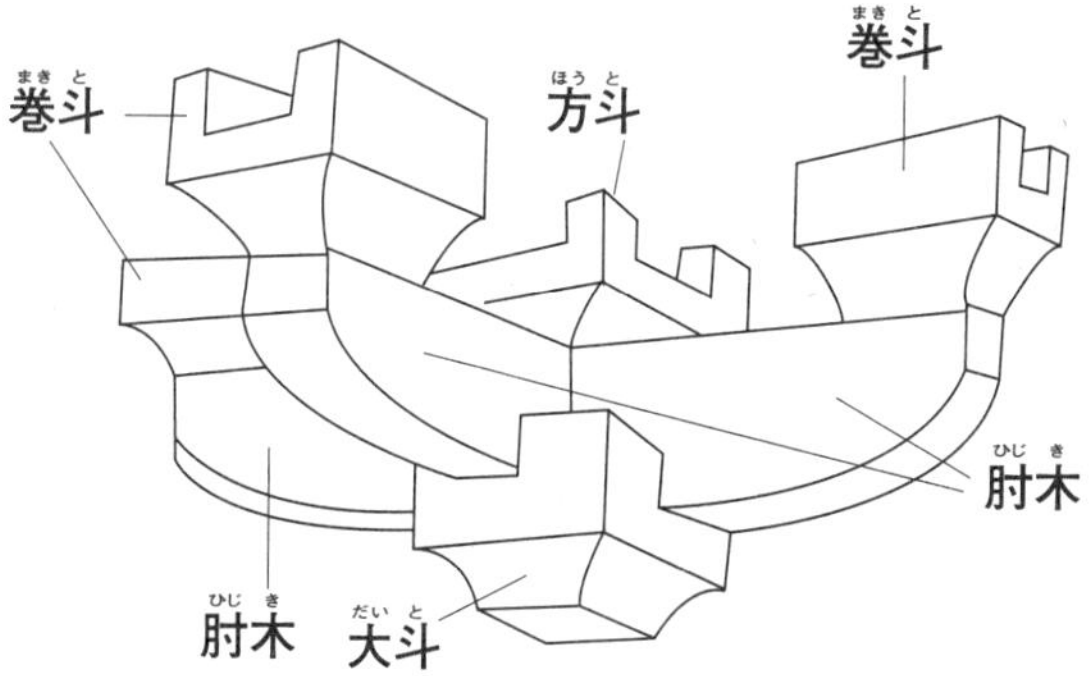

そして、間引《まび》いた垂木のうちの何本かは、床下の根太《ねだ》のところの補強用に使っていました。雨漏りがひどくて垂木もかなり傷んでいたはずですが、まだ使える垂木は床下に使って、節約したのでしょう。そんな工夫をするよりも、化粧裏を残しておいてほしかったところですな。

床下から出てきた垂木には往生《おうじょう》しました。形から考えて垂木であることはすぐにわかりましたが、さて、どこに使っていた垂木だったのかがすぐにはわからない。そこで、ものを言ったのが釘跡《くぎ》でした。垂木を留めるには釘を使いますから、床下から出てきた垂木に残っていた釘跡と他の部分の釘跡を合わせていけば、どこに使われていた垂木か判明するわけです。

解体作業そのものは大工さんの仕事であって、私たち技術者が手を出すところではありませんが、大工さんにぴったりついて、どこかの釘をはずしたら、その釘跡をいちいち確かめていく。

たとえば、ある板を釘で打ちつけてあったとしますね。この板をはずせば、その下には釘跡があるはずです。釘が二本だったとしたら、釘跡も二個です。もし、そこに三個の釘跡があったら、一個は以前に打たれた釘の跡だということがわかります。

すると、では、この釘跡と符合する釘穴がどこかの部材に残っていないかということになります。その部材が残っていれば、釘穴を手がかりにしてさがしていけば、必ず見つかるはずです。そして、その部材が以前にここで使われていたということがわかるわけです。

円成寺本堂の修理工事でも、釘穴が重要な手がかりになって、床下から出てきた垂木がどこに使われていたのか突き止めることができました。この垂木が本堂の中心あたりから軒先までスーッと延びていたことがわかったのです。天井を平らにしたために、そんなところに垂木が来ていては困るということもあって、床下に使ったのでしょう。

「土壁《つちかべ》」や「梁《はり》」に残る手がかり

壁を剝がすときは慎重にせなあかんということを、この章の冒頭でちょっと触れましたが、その具体的な例をお話ししましょう。

天井を平らにしたために明治の修理で新たに斗栱を入れた。そのせいで、それ以前の肘木の形がわからなくなってしまったわけです。明治の変更以前には肘木が使われていたはずなのですが、その形がわからない。ところが、明治の修理で新たに斗栱が載せられた柱の横の壁を剥がしていくと、肘木の跡が残っていて、これで肘木の形を復元することができた。壁を剥がしてみたら、切られる前の肘木の影が出てきたのです（左ページ参照）。

壁は下塗り、仕上げ塗りと何度も塗るものなのですが、一枚、また一枚とへらを使って塗りを剥がしていったら、まるで写真にでも撮ったように肘木の影がシューッと現われた。おかげで、なくなっている肘木の形も正確に復元できたというわけです。影の型をとって、それを元に木を加工すればいいだけの話ですからね。

当然ながら、こういうところは、何か出てくるかもしれないから、気をつけて仕事をしてくださいと職人さんに頼んでおきます。

この肘木が載っていた柱は、頭にあった穴に埋木《うめき》して（木を継《つ》いで）穴を塞《ふさ》いでいました。なんでこんなところに埋木しているのかと不思議だったのですが、埋木を取ってみたら、ちょうど肘木が入るのに都合がいいような形、深さになっている。そこで、このあたりの壁はちょっと気をつけて剥がさんといかんよと言っておいたら、思った通り肘木の影が出てきた。こういう時は嬉しいものです。動かぬ証拠を見つけた名探偵のような気分やった。

"土壁《つちかべ》"に隠されていた重要な手がかり

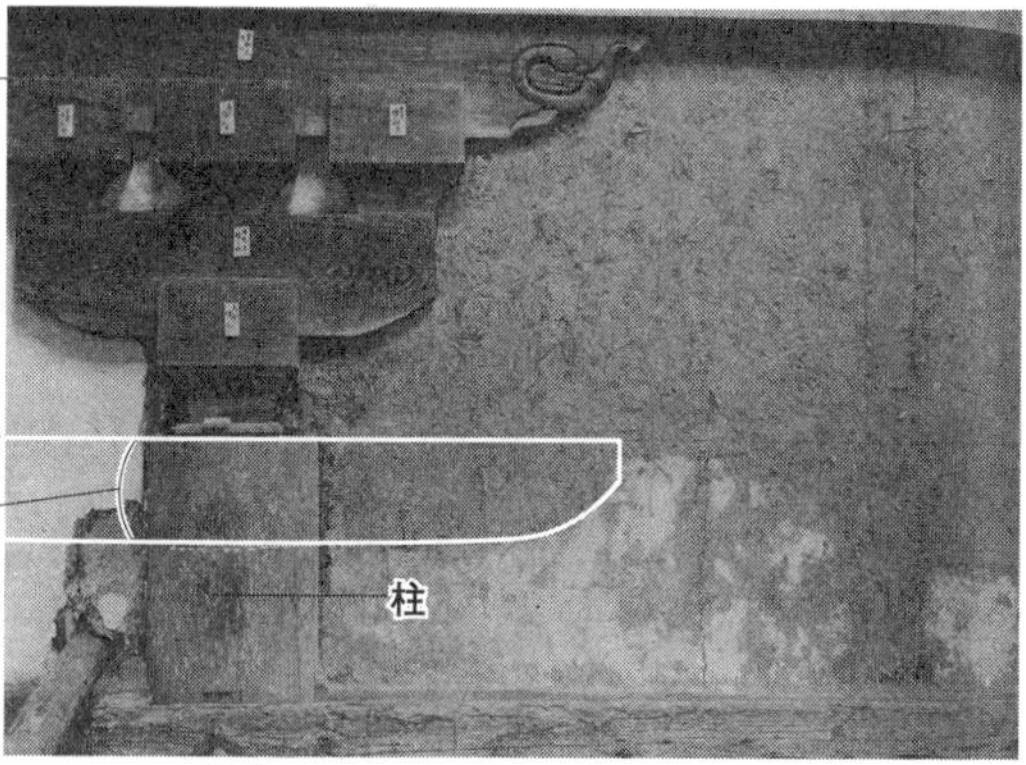

土壁に"肘木《ひじき》"の跡がくっきりと浮かび上がってきた

土壁に現われた"肘木の影"を元に、復元された肘木

梁《はり》の古い新しいも、外見でかなりのところまで判断できます。とくに本堂のようなところの梁なら区別はっきりやすい。本堂なら下で線香や蠟燭《ろうそく》をたくでしょう。すると煙が出て、梁がいぶされる。それが何百年も続けば、それだけ黒くなります。途中で梁を新しくしていれば、そんなに黒くなりません。

職人の仕事も違います。概《がい》して昔の人のほうがきれいな仕事をしている。明治の修理で付け加えられた斗栱は、実に不細工な仕事がしてあって、ひと目で他の斗栱とは違うとわかった。再建当時の室町の大工は、由緒ある寺の普請《ふしん》を任されたくらいですから、いずれも当代一流の大工だったはずですが、新しい斗栱を造った明治の大工は、残念ながら、とても一流とは言えないような大工だったようです。こういうところにもお寺さんの盛衰《せいすい》が出てくるということでしょう。

昔の大工さんは梁の仕事も丁寧ですよ。外側の「白太《しらた》」をちゃんと剝《む》いて使っています。白太というのは木の外側の白い部分で、ここは風食が進みやすい。そやから、「瓜皮《うりかわ》剝き」という剝き方で、白太をある程度取り除いている。瓜を剝く時は、皮を厚めに剝くことから「瓜皮剝き」という言い方をするんです。昔は道具が今ほどいろいろな種類がなかったですから、チョウナや槍ガンナを使うしかなかったわけで、手間がかかったはずなのですが、そういうところも手抜きしていなかった。

明治の修理ではそこまでやっていません。新しくした梁は丸太のまま使っているのがほとんどで、白太もついたまま。瓜皮剝きなんて、面倒な仕事はしていない。そやから、色の変わり方、仕事の仕方、風食の具合などを見ていけば、そんなに苦労しなくても、古い材か新しい材かという程度のことはわかるものです。また、そのくらいのことは、ぱっと見てわかるぐらいでないと話にならん。これが私らの仕事なんやからね。

決め手になった応仁《おうにん》の乱で焼けた「礎石《そせき》」

円成寺のように大きく変わっていると、以前の姿を突き止めるのはちょっとしたパズルを解くようなものです。しかも簡単なパズルではないから、ますます興味を引かれる。ただ、幸いだったのは、建物の大きさ自体は変わっていなかったことです。柱の下の礎石を見たら、焼け焦《こ》げたものや高熱で割れているものもありました。いずれも応仁の乱で焼け落ちた時の痕跡と考えることができますから、この建物は応仁の乱で焼け落ちた後に再建した時も、礎石を動かさずにそのまま使っていたのです。

明治の修理までは大きな修理を施《ほどこ》した記録はありませんし、痕跡もない。建物は応仁の乱後の再建当時のまま、明治の修理まで維持されて、その後も建物の大きさには変化はなかったようです。もし、建物の大きさまで変えられていたら、元の姿をつかむまでには、もっともっと苦労したことでしょう。

結局、私らの調査で判明した変更点は、そのほとんどを明治の修理以前の姿に戻しました。ただし、屋根については、檜皮《ひわだ》は葺《ふ》き替えの負担が大きくなるので困るというお寺さんの要望もあって、「檜皮葺き型銅板《どうばん》葺き」に変えるということで落ち着きました。これは檜皮葺きによく似た感じの銅板葺きですから、屋根の複雑に変化しているところも曲線できれいに見せることができます。

昭和三十年代の考え方は今ほど厳密ではなくて、そういうものでも通ったのです。今はもっと厳しくなっていますから、いくら、お寺さんが銅板にしたいと言っても、役所はなかなか首を縦に振らないと思います。檜皮葺きが元の姿だったのやから、檜皮にしてくれなければ困ると言うでしょう。

ところで、明治の修理をした大工さんにはだいぶ厳しいことを言ってしまいましたが、同情すべきところもあるのです。円成寺本堂が重要文化財に指定されたのは昭和二十七年

美しい屋根の曲線を取り戻した円成寺《えんじようじ》本堂

七月やったのですから、明治の頃はまだ古いお寺さんということでしかなかった。もし、明治の修理の前に指定されていたら、修理のやり方もだいぶ変わっていたことでしょう。変えるところとそのままにしておくところを、もう少しよく考えた上で決めていたはずです。

ところが、前にも触れたように古社寺保存法ができたのが明治三十年。円成寺本堂の修理が行なわれたんが明治十八年から二十一年にかけてやから、法律ができるよりもずっと前に修理をしていたわけで、文化財に指定してもらいたくても、その根拠となる法律そのものがなかったのやから仕方ない。

ただの古いお寺さん、しかも廃仏毀釈があったりしてお寺さんには厳しい時。そういう時にすべて自力で修理せなあかんかったわけで、なぜ、もっときちんとした修理をせなんだというのは、後の考えという面もないわけではないのです。

文化財の保存修理工事には国や県からも補助金が出ますから、昔に比べれば、今は費用負担の面では、お寺さんはずっと楽になっています。とは言え、まったく自己負担なしというわけではないですし、何億円、何十億円という修理工事になると、お寺さんのほうの負担も小さいものではないのです。

まして、まだ文化財にも指定されていないような建物の修理工事は、お寺さんの負担は今でも大きいはずで、現に修理工事中のお寺さんの中には、明治の円成寺本堂のように、おかしな修理になってしまっているものもあるかもしれん。

私らとしては、どうか、勝手な修理をして、後の人間を困らせないようにしてほしいと祈るしかないわけです。その意味でも、もっともっとたくさんの人が、日本の伝統的な建物について知識をもつようになればいいと思いますね。

仏さまと神さまのつながりも、日本人の知恵

円成寺本堂の右手には国宝に指定されている「春日堂《かすがどう》」と「白山堂《はくさんどう》」があります（163ページ）。この二つのお堂はつなぎ塀《べい》でつないでありますから、ひとつのものにも見えますが、お堂としては二つのお堂です。建立されたのは鎌倉時代の初期で、美しい檜皮《ひわだ》葺きの屋根をもつ、現存最古の「春日造《かすがづくり》」の建物です。春日造というのは神社の社殿の形式のひとつで、他に春日大社本社本殿《かすがたいしゃほんしゃほんでん》（国宝）が有名です。

さらに春日堂と白山堂の右には「宇賀神社《うがじんじゃ》」もあります。この神社も重要文化財に指定

されているものです。春日堂と白山堂もれっきとした神社です。宇賀神社もそうですが、神さまを祭っている。その一方では、運慶《うんけい》作の大日如来坐像（国宝）や阿弥陀如来坐像などの仏像がある。ひとつのお寺の中に仏さまと神さまが仲良く同居されているわけです。

日本のお寺はだいたいそうなっています。神さまが仏さまの守り神になっているわけです。たとえば東大寺の法華堂《ほっけどう》のすぐ横に「手向山神社《たむけやまじんじゃ》」がありますが、この神社は東大寺と一緒に建立されたもので、東大寺の守り神です。また、興福寺は「春日大社《かすがたいしゃ》」が守り神になっています。

お寺の中に仏さまと一緒に神さまも祭る。こういうところにも昔の日本人の知恵を見るような気がするのです。歴史をさかのぼれば神道《しんとう》のほうが古くて、仏教は後から入ってきたのですが、仏教があるから神さまはもういらない、などということは言わないで、お寺の守り神になってもらうという形で、神さまにもきちんと居場所をつくった。仏さまと神さまは本来は別のもののはずですが、仏さまは大事だけど、神さまの居場所をなくしてしまっては角が立つと思ったのでしょうね。お寺の中に神さまを祭ることで、仏さまと神さまがぶつかることを防いだ。

もしも、神さまはもういらんということで押し通していたら、大騒ぎになっていたこと

円成寺《えんじようじ》の中にある、神さまを祭る建物

春日堂《かすがどう》(左)と白山堂《はくさんどう》(ともに国宝)

宇賀神社《うがじんじゃ》本殿

でしょう。日本の歴史が変わっていたかもわからん。しかし、こういうやり方が昔の日本人の賢さだと思うのです。新しいものが入ってきて、どんなにもてはやされるようになっても、昔からあるものにもちゃんと居場所をつくっておいて、最後には仲良く一緒に暮らしていただく。文化財の保存修理の仕事をしていると、こんなところにも、日本人の知恵を思ってしまうのです。

大直禰子神社社殿《おおたたねこじんじゃしゃでん》――「柱筋《はしらすじ》が違う」おかしさ

文化財の保存修理の世界に入って、私が初めて携《たずさ》わった仕事は、奈良県桜井市にある大直禰子神社社殿の修理工事でした。昭和二十六年。まだ一八歳か一九歳の頃です。ここの社殿は重要文化財に指定されているのですが、前年の秋にやってきたジェーン台風で被害を受けて、修理工事をすることになったのです。工事としてはそんなに大がかりなものではなく、屋根の葺《ふ》き替えとその他のところをちょっと修理するぐらいで、工事期間も一年ぐらいのものでした。

それぐらいの工事でしたから、上の人も滅多に現場に顔を出しません。たまに来たかと

お寺から神社になった〝大直禰子《おおたたねこ》神社〟社殿《しやでん》

昭和62年、保存修理前の姿

思えば、工事の進捗《しんちょく》状況をさらっと見て、あそこはこうしとけ、ここはああしとけと言い置いて帰っていくという具合でした。さすがにちょっと張り合いがないなと思いましたが、新人にはちょうどいい仕事だったような気がします。

その時分はまだ電話も簡単には引けない時代で、現場に電話が入っているわけでもないし、かと言って、偉い人が毎日行くほどの工事ではないから、若い私が現場に張り付かされたわけです。県から来た人間は私だけ。一応、現場の責任者みたいな格好ですが、もちろん、ほんとうの責任者は上の人で、私は主人が留守の間、店を守る店番みたいなものでした。今日は職人さんが何人来ている、どんな資材が届いている。そんなことをチェックするのが主な仕事です。たまには、職人さんたちに多少の指示をすることもありましたが、この時の工事は部分修理で、前の通りに修理するのやから、指示すると言っても、何にも難しいことはあらへん。どちらかと言うと、のんびりした初仕事やった。

ただ、社殿の柱を見て、新米ながらちょっとおかしいなと思ったことはありました。社殿の前のほうから奥を見ると、柱がちょっとずれているのです（左ページ参照）。前のほうの柱と後ろのほうの柱の「柱筋」が違っている。別に物差しで測ったわけではないのですが、一応、高校で建築の勉強をしていましたから、それぐらいのことなら、見ればわかり

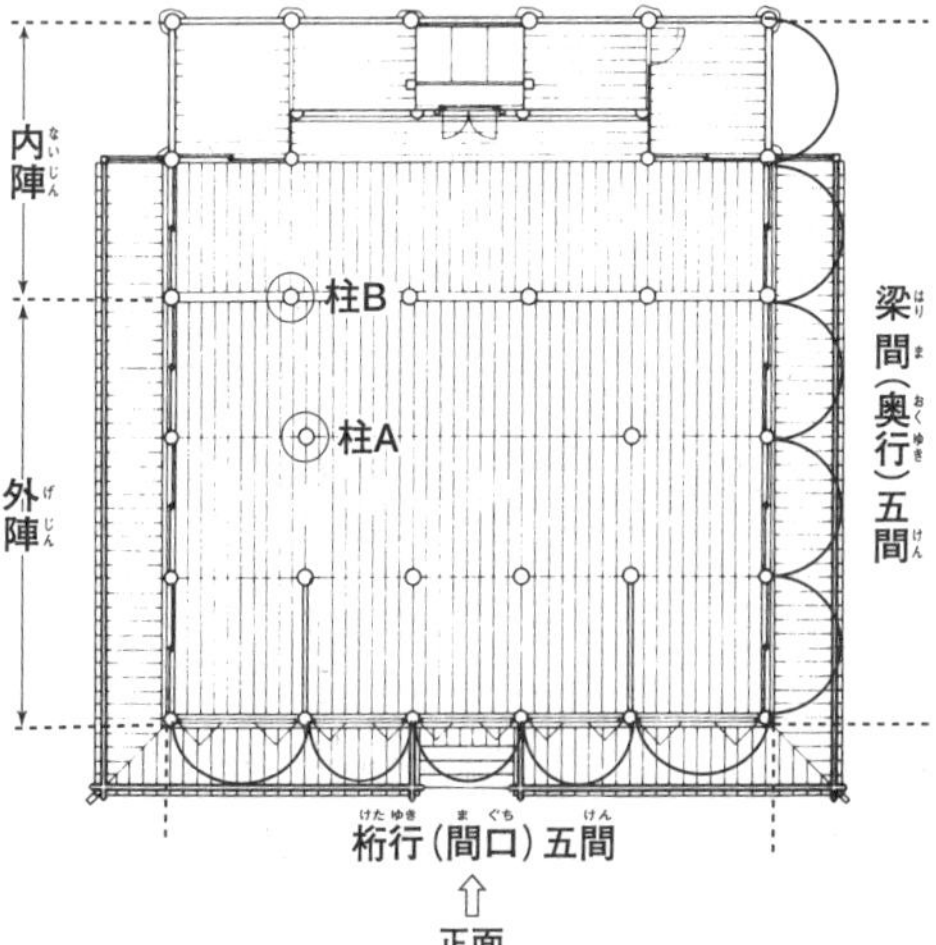

外陣《げじん》の柱Aと柱Bの「柱筋《はしらすじ》」が、正面から見ると微妙にずれているのが、平面図でわかる

ました。でも、それだけのことで、おかしな建て方をしているなと気になって、妙に強く印象に残ったものの、まさか、後になって、もう一度、私がこの社殿の修理工事を担当することになるとは、思ってもみないことでした。

大直禰子神社は有名な大神《おおみわ》神社の摂社《せつしや》で、大神神社の二の鳥居《とりい》から北に一〇〇メートルほど離れたところにあります。摂社というのは本社に対するもので、本社の祭神《さいじん》と関係が深い神さまを祭っているから摂社と言います。近しい親類のようなものですな。このあたりは大和《やまと》盆地の東にあたり、大和古道のひとつの「山辺の道《やまのべ》」が大直禰子神社のすぐ近くを通っています。大和三山《さんざん》の「天香久山《あまのかぐやま》」、「耳成山《みみなしやま》」、「畝傍山《うねびやま》」をはるかにのぞんで、すぐ近くには三輪山《みわやま》のゆったりとした姿が見える。大神神社は、三輪山全体をご神体《しんたい》としているため本殿がなく、拝殿のみがあります。古代信仰の形を今に伝え、古《いにしえ》の大和を思わせる由緒ある神社です。

大神神社は最古の神社のひとつで、その起源は神代《かみよ》の昔にさかのぼり、一説には伊勢神宮《いせじんぐう》よりも古いとされています。ご祭神《さいじん》は大物主大神《おおものぬしのおおかみ》。また、大直禰子神社のご祭神は太《おお》田田根子命《たたねこのみこと》です。この二人の神さまは親子という関係になっています。

言い伝えによると、崇神《すじん》天皇の御代《みよ》に悪い疫病《えきびよう》が流行《はや》って、人々がおおいに困っていた時に、崇神天皇の夢枕に大物主大神が現われ、太田田根子命をして我を祭らせよというお告げがあったので、その通りにしたら、たちまち疫病がやんだということです。この話は『日本書紀《にほんしょき》』に出ています。その太田田根子命を大直禰子神社がお祭りしている。また、三輪の土地の枕詞《まくらことば》が「旨酒《うまさけ》」であることから、大神神社はお酒の神様として酒蔵《さかぐら》の人々の崇敬《すうけい》も集めてきました。

聖林寺《しょうりんじ》に大八車《だいはちぐるま》で運ばれた「国宝・十一面観音立像《りゅうぞう》」

大直禰子神社もかつてはお寺でした。神宮寺《じんぐうじ》だったのです。最初は太田田根子命を祭るお社《やしろ》として出発したのですが、その後、神仏習合《しんぶつしゅうごう》の影響を受けて、太田田根子命とともに仏さまも祭るようになり、鎌倉時代に西大寺《さいだいじ》の僧、叡尊《えいそん》によって、大神神社の神宮寺の大御輪寺《だいごりんじ》となったと言われています。大神神社の神宮寺であり、西大寺の末寺《まつじ》でもありました。その後もずっと大御輪寺が続いていたのですが、明治元年の神仏分離令で、大御輪寺は廃寺ということになります。そこで、大神神社が引き取るような形で大直禰子神社と名前を変えたわけです。一般には「若宮社《わかみやしゃ》」とも呼ばれています。

元はと言えば、お寺の建物であったのですから、建物だけ見れば、神社らしくないところがあります。初めて大直禰子神社を見る人の中には、なんや、神社にしてはお寺さんのような建物やなと思う方もおられるでしょうな。しかし、そう思っても間違いではないのです。長い歴史の中で考えるなら、お寺から神社に戻ったのはそんなに昔のことでもない。つい最近と言ってもいいぐらいのことです。

政府の命令で、神社かお寺かはっきりせなあかんということになったのですが、今の時代だったら、そんなことは国が強制するような問題ではないやろと大騒ぎになるでしょうが、明治維新《いしん》で政治が大きく変わり、すべてを王制《おうせい》の昔に戻すということになったので、その勢いで神仏分離令から廃仏毀釈にまで突き進んでしまったわけです。

昔は境内《けいだい》に三重塔もあったのですが、大直禰子神社に変わる時に、この三重塔も解体されて、よそのお寺にもらわれていきました。また、本堂にあった「十一面観音立像」は、同じ桜井市にある聖林寺《しょうりんじ》に移られました。この観音さんは、天平《てんぴょう》様式の仏像の最高傑作とも言われているもので、今でこそ、国宝に指定されていますが、この時は、大御輪寺から聖林寺まで、観音さんを大八車《だいはちぐるま》にお乗せして運んだということです。

お寺や神社というものは、ちょっと見ただけでは、いかにも落ち着いたたたずまいで、

天平《てんぴょう》様式の仏像の最高傑作、国宝・十一面観音立像《りゅうぞう》

何百年も昔から変わらない世界が残っているように見えるかもしれませんが、世の中の動きと無縁ではいられなかったのです。むしろ、世の中の移り変わりにもかかわらず、今も残っていることに何かを感じてほしい。そんなふうに思いますな。大直禰子神社も、世の中の移り変わりを受けてさまざまに変わりながらも、奈良時代からの長い命を保ってきたのです。

しかし、昭和二十六年の保存修理工事でこの神社に出会った時は、そんなところまで気がいくはずがありません。柱筋がちょっとおかしいなと思っただけです。ところが、それからいろいろな仕事を経験して、年もとって、これも縁があったのでしょうな、三十数年後に、また大直禰子神社の保存修理工事を担当することになりました。こんどは現場の責任者です。役所の肩書きで言うと、奈良県文化財保存事務所大神神社出張所主任ということになります。昭和六十二年から平成元年までの工事でした。

日本でもっとも激変した建物

そして、この時の解体調査で大直禰子神社がどう姿を変えてきたか、その全貌をほぼ明らかにすることができました。それはまったく誰も想像できなかったような変わりようでした。変わりようの激しいこと、また、ややこしいことでは日本一ではないかと思います。若い頃に初めてこの社殿を見た時に私が感じた柱筋の違いも、実はそれを伝えるものやったのです。

私らが修理にかかった時の社殿の姿は、桁行《けたゆき》五間《けん》、梁間《はりま》五間、入母屋造《いりもやづくり》（175ページ参照）の平屋《ひらや》（保存修理の世界では一重《いちじゅう》と言います）、本瓦葺《ほんがわらぶ》きというものでした。桁行とか梁間とか言うのは、建物の大きさを表現しているのですが、この言い方は文化財の世界に特有のことのようです。

一般には建物の幅を言う時は、間口何間《まぐちなんけん》と言い、奥行《おくゆき》はそのまま奥行何間と言うことが多いのですが、私らはそういう言い方はしないのです。間口の代わりに「桁行」、奥行の代わりに「梁間」と言います。私も今はこの言い方にすっかり馴染《なじ》んでしまって、間口とか奥行とか言うよりも文化財らしいような気がします（167ページ参照）。

なぜ、こういう言い方をするかと言うと、桁というのは建物を正面から見て横にかかる材ですから、桁行と言えば、建物を正面から見た大きさになる。また、梁は正面から見て縦にかかる材ですから、梁間が建物の奥行になるわけです。だが、桁行が何間、梁間が何間と言っても、その場合の一間《けん》は、いわゆる一間の長さではありません。柱と柱の間が厳密にどのくらいの長さがあるかはひとまず措《お》いて、柱と柱の間はどこでも一間と数え、桁行何間、梁間何間と言うのです。

一間は、今の尺貫法《しゃっかんほう》では約一・八メートルということになりますが、時代によって一間の長さが違うのです。このため、文化財の世界では単純に何間という言い方をしても、おかしなことになってしまう。そこで、建物の大きさを言う時は、柱の数を基準にして、柱間《はしらま》がいくつあるかということで、桁行何間、梁間何間という言い方をするようになったわけです。

また、「入母屋造」というのは、屋根の形式のことです。四角い二枚の板の一辺どうしをパタンと合わせたような屋根を「切妻《きりづま》」と言いますが、上のほうが切妻になっていて、下のほうに二枚の屋根がついているのが入母屋です。

その他の屋根の形式では、棟木《むなぎ》のところで四枚の屋根を合わせた格好の寄棟《よせむね》、また、四枚の屋根が一箇所で合わさる宝形造《ほうぎょうづくり》(方形造とも書きます)などがあります。切妻、入母屋、寄棟、宝形。それぞれ形が違いますから、この四つを覚えておけば、文化財の本を読んでも、ああ、あんな形の屋根の建物やなとすぐに頭に浮かんでくるようになりますか

木造建築の〝屋根〟の形式

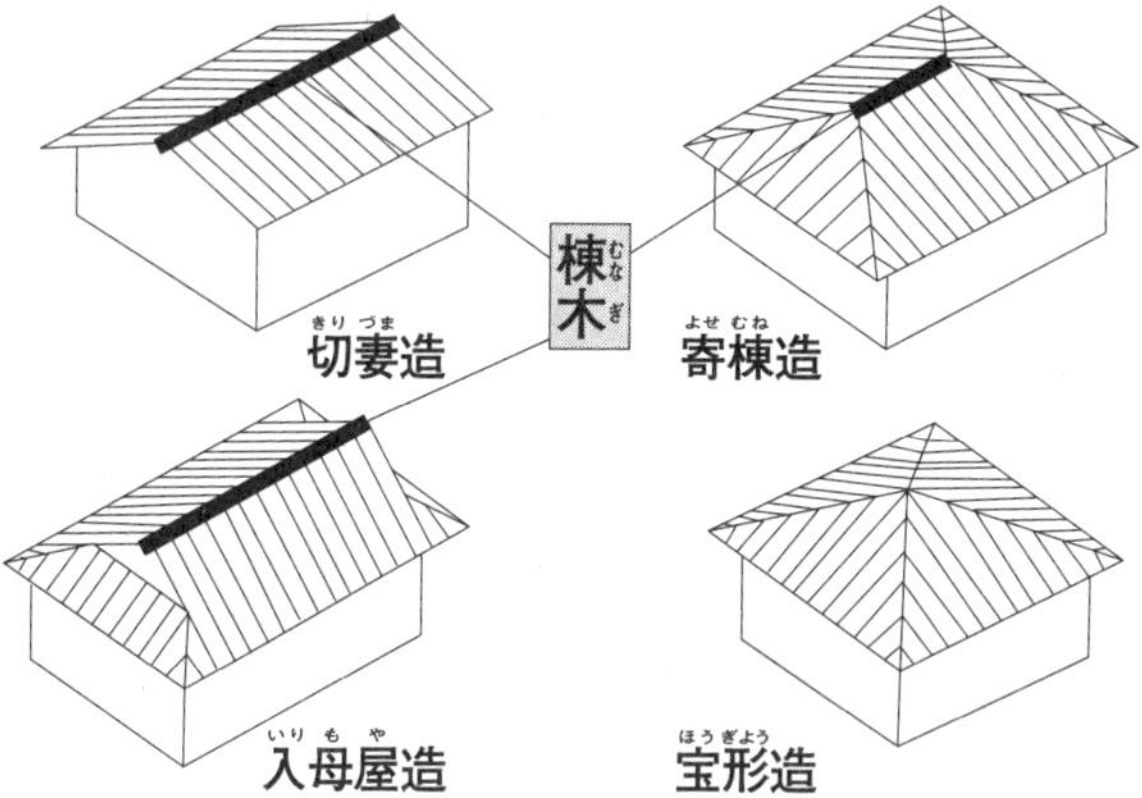

ら、覚えておいても損はないですな。

「棟木《むなぎ》」が呼んだ謎

大直禰子神社の保存修理工事は昭和六十二年の年が明けるとすぐに始まりました。まず建物全体に覆屋《おおいや》をかけてから、瓦を降ろし、野地板《のじいた》を剝がし、垂木《たるき》をはずし、瓦一枚、釘一本でも見逃さず、ひとつひとつ丁寧に調査して記録をとっていきます。この時の工事は地下調査まで行なう本格的な全解体修理でした。

ところが、全部の解体を終えるまでもなく、屋根の野地板を剝がして、垂木にかかった頃から、早くも謎が出てきました。屋根裏の部材から、どうしても説明がつかない加工跡や傷が次から次へと出てきたのです。調査を進めると、他のところからも、どこから転用されてきたのか、すぐにはわからないような部材が出てきました。

たとえば、どう考えても元は棟木《むなぎ》（屋根のてっぺんに入る部材。175ページ参照）だったものが短く切られて、他のところに転用されていたのですが、今のような入母屋形式の屋根ならば、それは余分な棟木でした。使いどころのない棟木が出てきたのです。

修理の時に棟木を取り替えることもありますが、それなら、転用されていた棟木には、今の棟木と同じような加工跡が残っていないといけない。棟木には他の部材がかかってきますから、その加工跡が同じでなければおかしいわけです。しかし、転用されていた部材に残る加工跡は、今の棟木のものとはまったく違う。しかも、転用されていた棟木は今の棟木よりも古い時代のものでした。

そこで、転用されていた棟木にかかっていた部材がどこかに残っていないかとさがしてみたら、やはり、いろいろなところに転用されている部材の中から、古い棟木の加工跡にぴったりと合う部材が見つかりました。ということは、以前は、もうひとつの棟があった。別の屋根があったということになります。では、その屋根はどこにあったのやろか。大直禰子神社にあった屋根やろか。それとも、他の建物に載っていた屋根やろか。もし、大直禰子神社にあった屋根だということなら、転用されていた古い棟木やそこに使われていた部材の痕跡から考えると、切妻形式の屋根だったはずでした。

これはいったいどういうことやろか。私らは考え込みました。他の建物から部材を持ってくることは例がないわけではない。また、切妻形式から入母屋形式に屋根が変わることだってあるだろう。この時点では、どちらの可能性も消すことができませんでした。

いや、どちらが真実であろうと、それ自体はどちらでも構わないのです。とにかく、どちらが正しいのか、それを知りたいと思いました。どちらかわからないというのが一番困るのです。しかも、わからないのは屋根形式です。小さな部材の由来の話やない。屋根形式は建物の姿に大きく関わってきます。入母屋と切妻では、見た目がまったくと言っていいほど違ってくる。

解体したものは、また、組み立てなければならないのですから、いずれはどういう姿にして組み立てるか決めることになります。その時に、なんか、わけのわからん姿の時代があったということでは、組み立ての方針も決められん。かと言って、勝手な推理でこうであったろうと決め付けることもでけんわけで、部材にものを言ってもらうしかないわけです。また、ものを言わせるのが私らの仕事でもあります。

今の棟木と、転用されていた古い棟木。この二本の棟木を結ぶ点と線があるのか、ないのか。私らはさらに調査を進めました。

ここから先の調査は言うたら聞き込み捜査みたいなものです。知らない町に飛び込んでいって、会う人、会う人に、ここはどうなってるのやろか、あそこはどうなのやろと聞いてまわる。そうやって集めた断片的な情報を元にして推理し、また、次の日も町に飛び出していく。そんな聞き込み捜査です。ただ、私らの場合は、相手が人ではなくて、部材だという違いだけです。

時代によって異なる「一尺《いっしゃく》の長さ」

やがて、私らの努力が実る日がやってきました。結論から言えば、大直禰子神社に残っていた古い棟木は、他の建物から持ってきたものではなかったのです。大直禰子神社の屋根に使われていた棟木でした。しかし、その屋根は切妻でもなかったのです。

以前の屋根は、なんと、正面から奥に向かって入母屋の屋根があり、さらに、その屋根が、後方の切妻形式の屋根とT字型に連結されているというものでした。建物の大きさは、その頃も桁行五間、梁間五間です。建物を上から見ると、ほぼ正方形の建物にT字型に交差して屋根が載っていたということになります（181、185ページ参照）。

そして、屋根がT字型から現在のような入母屋に変わったのは、鎌倉時代後期の修理の時だということや、この神社自体が奈良時代後期に創建されたということもわかりました。

だが、これですべての部材、すべての痕跡の説明がついたというわけではなかったのです。T字型の屋根だった時期があったということは明らかにできました。しかし、それでも、説明のつかない部材、説明のつかない傷が残ってしまったのです。だいたい、そんなややこしい形の屋根にしたことからして不思議ではありませんか。

建物自体が二つの棟でできていて、それがT字型につながっていたというのなら、こういう屋根もあるでしょう。ところが、建物はほぼ正方形になっているのです。普通に勘定すれば、こういう建物は一棟と数えます。それなのに棟木が二つある。

なぜ、こんな屋根にしたのか、その理由を明らかにする上で、大きな決め手になったのが柱筋の違いでした。

建物を造る時は、柱と柱の間は、だいたい同じになるようにするものです。柱間《はしらま》が不揃いでは、まず、見た目がみっともない。仕事もややこしくなる。柱にかかる部材も、いちいち、それぞれの柱間に合わせて、加工しなくてはならんことになってしまいます。そやから、柱間は揃えるものなのです。ところが大直禰子神社の社殿は、梁間《はりま》で言うと、後ろ二間《にけん》と前三間《さんけん》では柱間が違っていたのです。このため、柱筋が揃っていなかったのでした(167、185ページ参照)。

T字型の屋根に作り替えられた、大直禰子《おおたたねこ》神社社殿

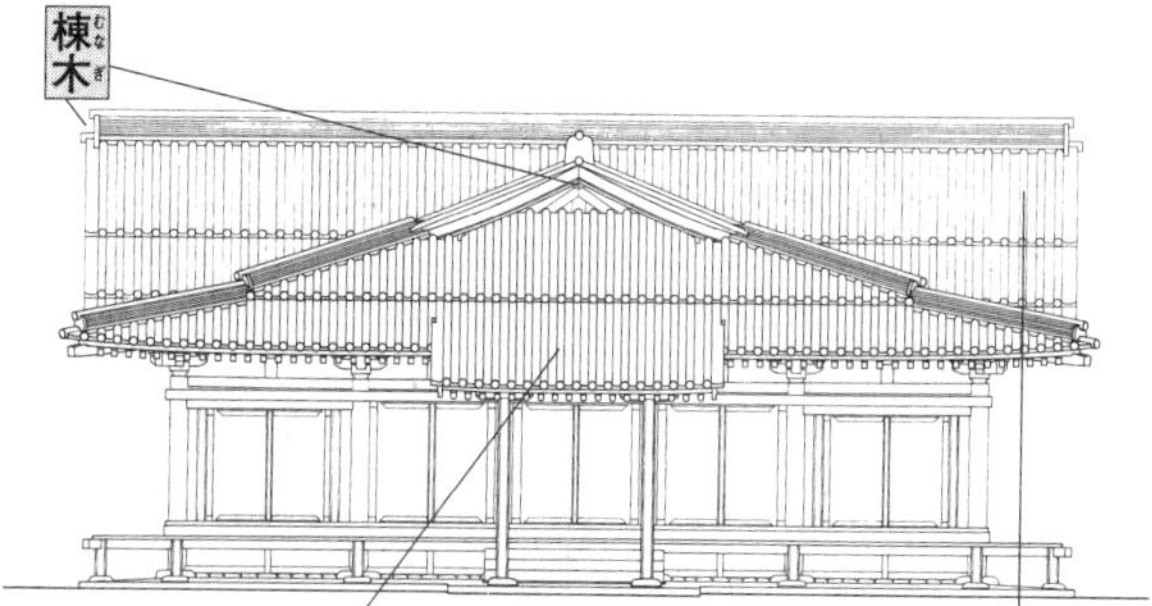

正面から見た復元図

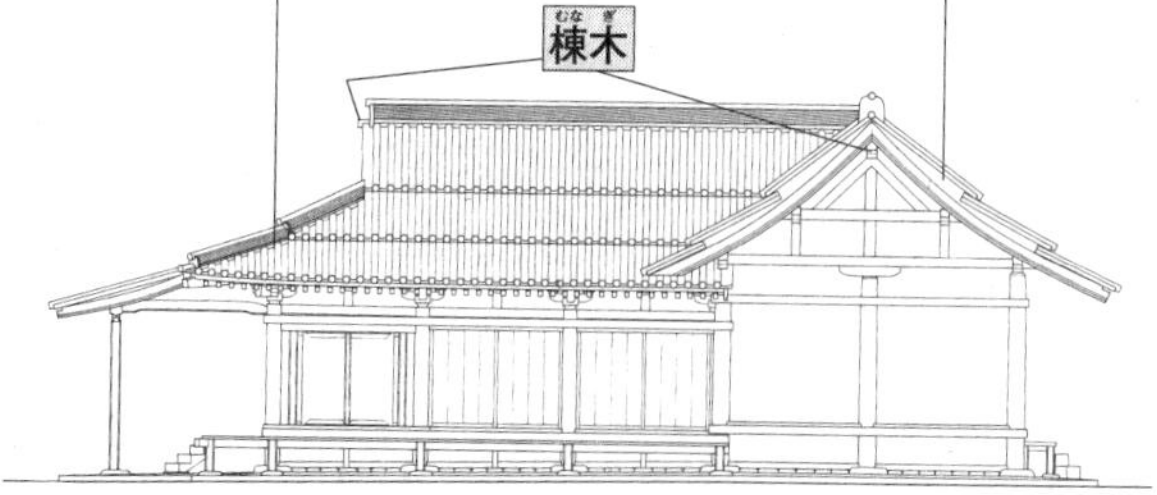

側面から見た復元図

鎌倉時代初期の社殿の復元図。
奈良時代の建物と鎌倉時代の建物が、
T字型の屋根で接合された珍しい姿だ

建物や部材の古さ、新しさを判定するには、部材の風食の具合など、いろいろなところを見ていかなくてはならないわけですが、寸法が大きな決め手になることがあります。時代によって寸法が違っているからです。奈良時代の寸法、平安時代の寸法という具合で、時代ごとに一尺の長さが異なっているわけです。

奈良時代の寸法では、一尺は約二九・五五センチ。平城京もだいたい二九・五四センチとか二九・五五センチで建物を造っていたことがわかっています。ところが、時代が奈良時代の後期から平安と進むにつれて、一尺の長さがだんだん伸びていきました。奈良時代の後期は約二九・六センチ、平安時代になるとさらに伸びて三〇・五センチぐらいにまでなった。

ところが、鎌倉時代になると、こんどは縮んできて、約三〇・三センチに戻って落ち着きます。この後は大きな変化はなくて、現代の寸法でも一尺は約三〇・三センチです。

では、大直禰子神社の柱間の寸法はどうなっていたかというと、後ろ二間の柱間は一尺が約二九・六センチの寸法を使っている。ということは、奈良時代後期の仕事ということになるはずです。だが、前の三間の柱間はこれと違う寸法を使っていました。前三間に使われていた寸法は、一尺が約三〇・三センチのものだったのです。

そうすると、前の三間は鎌倉時代の寸法ということになる。そのため、建物の前と後ろで柱筋が違って見えていたのでした。大直禰子神社の社殿は、後ろの梁間二間がそっくり奈良時代の建物。前の梁間三間は、これもそっくり鎌倉時代の建物だったのです。ひとつの建物の中で、古い時代の構造とそれよりも新しい時代の構造が一緒になっていたわけです。

奈良時代にさかのぼる「双堂《ならびどう》」をめぐる謎また謎

どうしたら、こんなことが起こるのでしょうか。それは、奈良時代の建物と鎌倉時代の建物をくっつけてしまったからです。その証拠は他にもいろいろありましたが、柱の形の違いも証拠になりました。後ろ二間に使われていた柱で、建立当初から残っていた五本の柱は、どれも微妙ではありますが、明らかに「エンタシス」になっていたのです。建物の一番後ろに並んでいる六本の柱のうち四本、さらに右側面の柱のうち一本の合計五本の柱です（185ページ参照）。

エンタシスというのは、丸柱の中ほどを膨《ふく》らませる柱形式です。ギリシャのパルテノン神殿や法隆寺のエンタシスの柱は有名ですが、日本ではエンタシスの柱は奈良時代の建物にしか残っていません。加工が面倒なせいか、奈良時代よりも後になると、エンタシスは姿を消してしまいます。そやから、柱の形からも後ろ二間は奈良時代のものと言えるわけです。この五本の柱の風食は、他の柱よりもずっときつくなっていました。

後ろ二間は奈良時代、前三間は鎌倉時代。鎌倉時代後期の修理までは、ここにT字型の屋根が載っていたわけですが、そうなると、さらに、その前はどういうことになっていたのやということになります。

建立当初からT字型の屋根だったのか、それとも違っていたのかということです。私はこれも突き止めました。屋根は別々に二つあったのです。二つのお堂があったのです。この形式を「双堂《ならびどう》」と言います（187ページ参照）。双堂の二つの建物を別々に言う時は、前のほうを「前堂《ぜんどう》」、後ろのほうを「後堂《うしろどう》」と言います。大直禰子神社の社殿は、鎌倉時代初期の修理の時に前堂を取り壊し、そこに新しい建物を建て、後堂とつないで、建物全体にT字型の屋根をかけていたのです。

双堂だったのではないかということは、前から言われていたことでもありました。私らの保存修理工事の少し前に、古建築を専門に研究している人がこの社殿を調べて、もともと

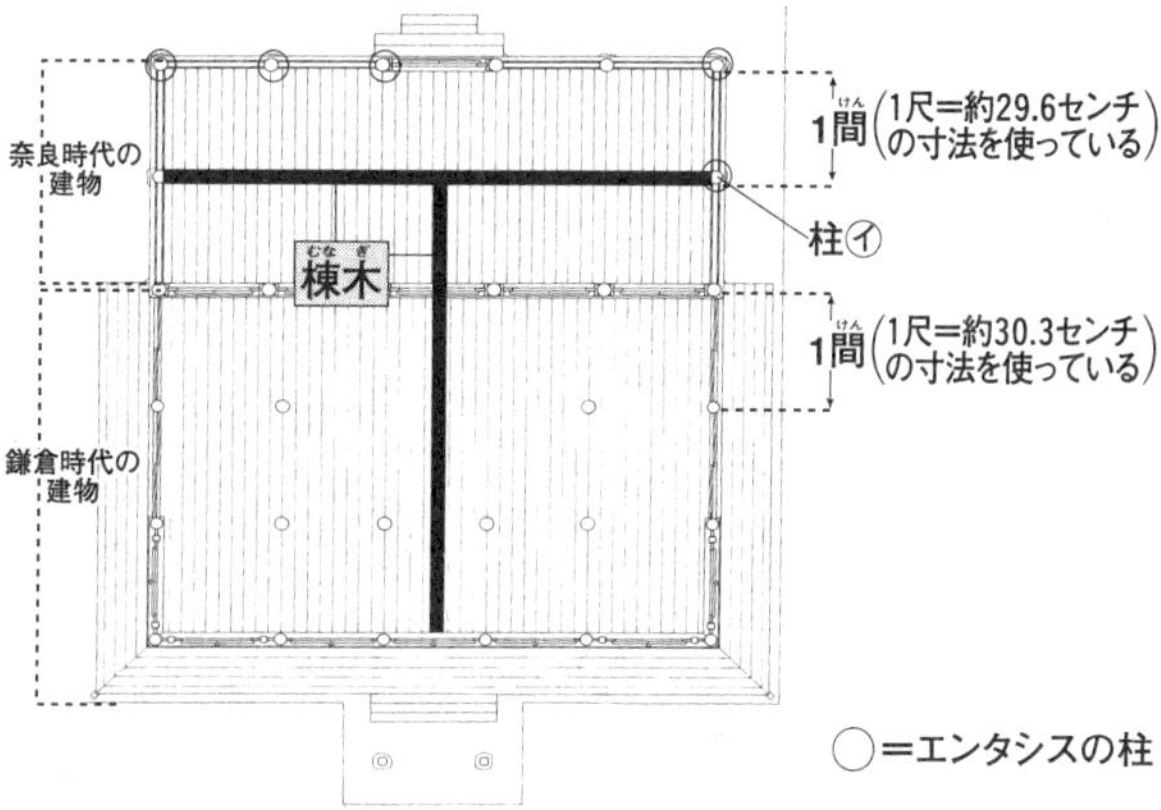

鎌倉時代初期(T字型の屋根、181ページ参照)の
社殿を上から見た図(復元平面図)。
黒線で示した棟木が〝T字型〟に交差
しているのがわかる

緩やかなエンタシスの柱

エンタシスの柱が5本も残っていたのも、
奈良時代の建物だという重要な証拠。
また、〝柱筋《はしらすじ》〟(1間の長さ)が建物の
前の部分と後ろの部分で異なって
いたのは、奈良時代と鎌倉時代の
〝1尺の長さの違い〟によるものだった

とは同じお堂が二つ並んでいたが、その後、鎌倉時代に何かの理由でひとつの建物に変わったのではないかということを言っていたのです。ただし、その時は、解体調査をしたわけではありませんから、それ以上のことはよくわかっていなかったのです。

ひとつには、双堂だったとしても、どんな双堂であったのかということが謎でした。最初から二つのお堂を並べる形で建てたのか、それとも、最初はひとつの建物として建立したのだが、その後、もうひとつの建物を建てて双堂としたのか。また、それはまったく同じお堂であったのか。それとも違うお堂が二つ並んでいたのか。さらに、また、それぞれのお堂はどんな目的の建物であったのか。私らは、この謎に挑戦しました。双堂という珍しい形式をめぐる謎ですな。

まず、双堂であったことは、私らの地下調査でも、はっきりと裏付けることができました。後堂の礎石が建立当初の位置から動かされていなかったし、前堂があったと思われるあたりの地下から、後堂とほぼ同じ頃に、そこに建物があったことを示す痕跡も見つかったのです。

前堂があったと思われる位置の奈良時代後期の地層に、土が搗《つ》き固められていた跡がありました。建物を建てるために土を搗き固めた跡です。

ようやくたどりついた"双堂《ならびどう》"という珍しい形式

奈良時代後期、創建当時の「双堂」

復元模型

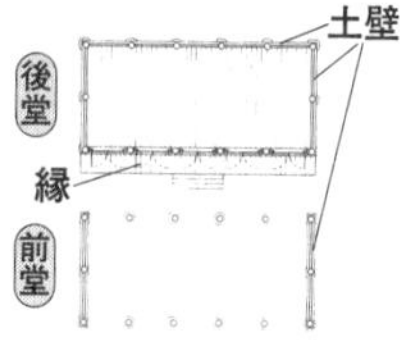

上から見た図（平面図）

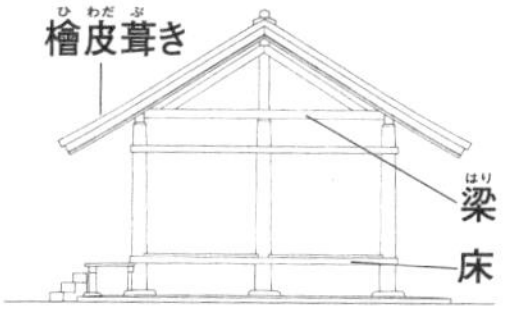

後堂を横から見た図（側面図）

⇩

平安時代後期の「双堂」

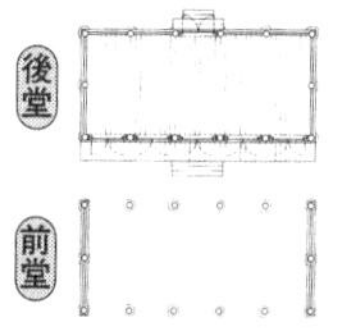

上から見た図（平面図）

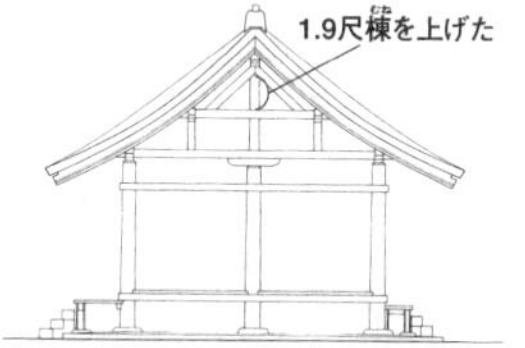

後堂を横から見た図（側面図）

奈良時代後期に"双堂"として創建された、大直禰《おおたたね》子《こ》神社《じんじゃ》社殿は、平安時代後期から姿を変えはじめたそして、部材の調査などと合わせて、双堂は奈良時代後期にまず後堂が建てられた後、少し間を置いて前堂が建てられたことがわかりました。その姿もわかりました。

後堂は桁行《けたゆき》五間、梁間《はりま》二間、屋根は檜皮葺《ひわだぶ》き、内部は床を張り、正面には「縁《えん》」があって、建物の正面には扉がつき、両側面と背面は土壁で塞《ふさ》がれていた。

また、前堂は桁行、梁間、屋根は後堂と同じだが、床や正面の扉、背面の土壁はなくて、両側だけが土壁であった。これが今の社殿からは想像もできない双堂の姿でした。

話が少しややこしくなったかもしれませんから、ここで、少し整理しておきましょう。

大直禰子神社の社殿は最初は、奈良時代後期に双堂として建立された。その後、平安時代後期にいったん改修を受けたが、この時は双堂形式を守っています。ただし、後堂はいったん解体されて、柱や梁、桁などの一部を新しいものに替えて、再び組み立てました。また、棟《むね》を一・九尺ほど持ち上げて、屋根の勾配《こうばい》をきつくしていますから、外観も少し変わりました（187ページ参照）。

さすがに、この頃には傷みが目立ってきたようで、平安時代後期の改修では、建物の強度を増すために手を入れているところが目立ちます。屋根の勾配をきつくしたのも、そのほうが「雨仕舞い（雨水の侵入を防ぐこと）」がよくなるからだったのでしょう。また、前堂もこの改修の時に梁を取り替えています。

後堂には筋違《すじかい》も入れています。部材に残った跡を見ると、建物が傾いてきているのを直しているのですが、ただ傾きを直しただけでは、年月がたてば同じことになってしまいますから、それを防ぐために、筋違を入れたということのようです。つまり、室生寺五重塔のように、最初から構造材として筋違を入れていたのではなくて、後から補強に入れたということです。

この頃には、都はすでに奈良から京都に移ってしまっていますから、大和《やまと》の人々は寂しい思いをしていたのではないですやろか。それだけに、この由緒のある社殿を何とかして保《も》たせようと、傷んだ柱や梁を取り替えたり、筋違を入れたりして、一生懸命やったのでしょう。

社殿が大きく姿を変えたのは、その次の鎌倉時代初期の修理です。この時、前堂を取り壊してしまい、そこに新たに桁行五間、梁間三間の建物を造って、後堂だった部分の屋根と新しく建てた部分の屋根をT字型につなぎ、桁行五間、梁間五間のひとつの建物にした。ところが、変化はこれで終わらず、鎌倉時代後期の修理で、T字型の屋根を入母屋《いりもや》の屋根に造り替えていました。それ以後の修理でも多少の変化はありましたが、大きく姿を変えることはなく、桁行五間、梁間五間、入母屋造という姿を守ってきた。こういうことになります（193ページ参照）。

調べるほどに浮かび上がる匠《たくみ》たちの知恵

創建当時（奈良時代後期）の双堂の「後堂」と「前堂」の姿を割り出したのも部材からです。前堂は鎌倉時代初期の修理で取り壊されて完全に姿を消していたのですから、前堂の部材で残っていたものは多くはありません。後堂に使われていた部材もその後の修理で取り替えられているものが多く、これも数は多くない。しかし、転用されている部材の中には、いくらか残っていましたから、後堂部分に残っていた部材を参考にして、どれが前堂部分の部材だったか割り出し、そこから、二つのお堂の姿を考えていったのです。

後堂部分は現に礎石や柱などが残っているわけですから、建立当初の姿を描き出すのはそんなに難しいことではありませんでした。難しかったのは前堂ですが、わずかに残っていた部材がそれを教えてくれました。

奈良時代後期の部材であって、後堂部分に使われている部材とは違うもの。それが前堂部分に使われていた部材です。そんな部材があちこちに転用されている部材の中に混じっていないか、それをさがしました。

そして、垂木《たるき》（149ページ参照）がものを言ってくれました。奈良時代後期のものと思われる垂木が一〇五本あったのです。この垂木が後堂に使われていたものか、前堂に使われていたものか、それを整理していけば、前堂の姿を考えるうえで、大きな力になります。

一〇五本の垂木は、垂木に残っていた穴の違いで整理することができました。垂木を縄《なわ》で桁《けた》に固定していたため、縄を通す穴が垂木にあけてあったのですが、この穴が一定の間隔で残っていたのです。それも、七本は間隔が狭くて、九八本は広くなっていました。ひとつの建物に使われていた垂木なら、まず、こういうことはありません。間隔が同じにならないとおかしい。ということは、別々の建物に使われていた垂木だということです。そこで、後堂に使われていた桁に残る加工跡と突き合わせてみたら、七本の垂木は穴の位置が桁の加工跡とぴしゃりと合った。一〇五本の垂木のうち、七本は後堂に使われていた垂木、穴の間隔が広い九八本は、前堂に使われていた垂木だとわかりました。

この垂木の姿から、後堂と前堂の屋根は同じ形式であったろうということが推定できました。また、壁や床についても、建立当初からの柱や転用されていた部材に残っていた痕跡から、だいたいの姿を描くことができたのです。

前後が開け放しになっている前堂から入って、檜皮葺きの屋根の下に立つとすぐ目の前に後堂が見える。そんな双堂が大直禰子神社にあったのです。どういうわけで、前堂は土間にして前後を開け放ち、後堂には床を張って扉や縁までつけたのか、そこのところは、私らにも断定することはできませんが、後堂は大切なものに入っていただくための建物だったろうというのが私の考察です。

大切なものというのは、もちろん、神さまや仏さまのことです。後堂が社殿、そして前堂が社殿におわします神さまや仏さまを拝む拝殿だったのではないでしょうか。そう考えると、はるかな奈良の時代、前堂の屋根の下に、はるばる都からやってきた人々がたたずみ、国家の安泰《あんたい》と五穀豊穣《ごこくほうじょう》を祈った。そんな姿まで浮かんでくるような気がしてこないでしょうか。

柱と壁に描かれた壮麗《そうれい》な「千体仏」

大直禰子神社の保存修理工事は、奈良時代後期に建立された双堂から現代の入母屋造に

平成元年、保存修理後の姿

創建以来1200年の間に、6回も姿を変えてきた大直禰子神社社殿

1. 奈良時代後期に創建。"双堂《ならびどう》"形式
2. 平安時代後期。"双堂"形式
   後堂《うしろどう》の屋根の勾配をきつくするなどの改修(187ページ参照)
3. 鎌倉時代初期。前堂を取り壊し"T字型"、木瓦葺《きかわらぶ》きの屋根に
   (181、185ページ参照)
4. 鎌倉時代後期
   "入母屋造"の屋根に
5. 室町時代初期
   神仏習合が完成。木瓦葺きから本瓦葺きの屋根に
6. 明治の修理。部分変更
7. 昭和62年～平成元年。全解体修理
   室町時代初期の姿に復元

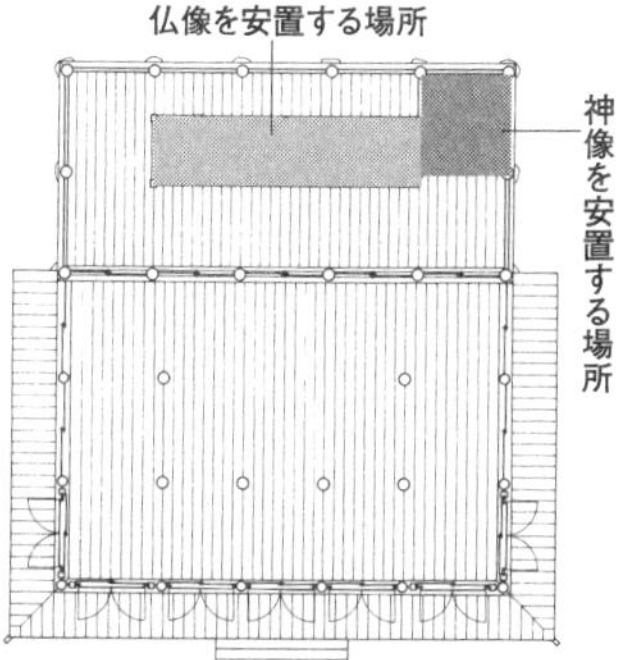

5. 室町時代初期の
社殿を上から見た図
(平面図)

至るまでの変化の姿を、ほぼ明らかにすることができました。その後は、再び、建物を組み立てるという段取りになるわけですが、技術的なことから言えば、どんな時代の建物であっても、だいたい間違いのないところまで復元できます。

しかし、いくらなんでも双堂にしてしまったら、今の人が馴染《なじ》んでいる入母屋とはあまりにもかけ離れたものになってしまうでしょう。それは、鎌倉時代初期の修理の後のT字型の屋根をかけた姿に戻しても、同じことです。それに、T字型の屋根は、今後の保存ということを考えると、やはりちょっと無理があった。

というようなことを、文化庁や関係者の皆さんがいろいろ考えて、解体調査が終わった大直禰子神社は、室町時代初期の修理後の姿で組み立て直すことになりました。これならば、もう入母屋になっていますから、今までの姿とかけ離れたものにはならないわけです。また、屋根が木瓦《きがわら》葺きから本瓦《ほんがわら》葺きに変わったのもこの修理の時で、本瓦葺きのほうが雨には強いですから、今後の保存ということを考えても、室町の修理後の姿で組み立てたほうがいいのです。

大直禰子神社は太田田根子命を祭るお社《やしろ》として出発しながら、その後、仏さんと一緒になって大御輪寺《だいごりんじ》と名前を変え、神宮寺としての長い歴史を培ってきた建物です。この歴史を考えても、やはり、室町時代初期の修理後の姿で組み立てるのが、このお社にはもっともふさわしいと思います。なぜなら、本堂に神像を安置するためのスペースを設け、神仏習合の寺として典型的な姿が完成したのも、室町時代初期の修理の時のことやったからです。

T字型の屋根の建物も、また、双堂も、その姿を復元できたら、それはそれで、多くの人の興味を引く建物になったと思いますが、保存修理の報告書の中に記録を留めるだけになりました。ただ、建立当時の双堂は、珍しい形式でもありますので、十分の一に縮尺した模型が制作され、大直禰子神社に奉納されていますから、一般の人にも見る機会があると思います。

ところで、解体調査では副産物というか、さまざまな遺物《いぶつ》も発見されるものです。たとえば、神宮寺としての長い歴史がありますから、屋根裏から仏像が発見されました。高さ一八・八センチの小さな「木造地蔵菩薩立像」です。両手首から先と両足の甲から先は失われ、彩色も薄れていましたが、以前は極彩色《ごくさいしき》の華やかな地蔵さんだったようです。袈裟《けさ》は白と群青《ぐんじょう》、折り返しは黄色、衣服の右肩には朱《しゅ》色の地に白い菊花を散らしていました。その様式には平安時代の特色がよく出ていますから、十二世紀に制作されたものと思われます（左ページ）。

「千体仏《せんたいぶつ》」を一面に描いた柱も床下の部材から見つかりました。この柱は床下に転用される前は、本堂の「来迎壁《らいごうへき》」を支える柱として使われていたものです。描かれていた仏さんは、高さが四、五センチという小さなもので、墨で頭髪を描き、白いお顔の上にやはり墨で眉《まゆ》と目を入れ、唇は朱色に塗られていました。この小さな仏さんが一本の柱の上から下まで左右二体ずつ、上下五一段に整然と並ぶという見事なものでした。この柱は、室町時代の修理の時に新たにできたものですが、千体仏も同じ頃に描かれたもののようです。

大御輪寺の本堂に千体仏が描かれていたことは、古い文献には記録が残っていました。いずれも江戸時代初期の二つの文書《もんじょ》で、大御輪寺の本堂の壁には、薬師仏の姿が一万体描いてあると書かれていました。今回の発見で、はからずも、この文書の記録の正しさが証明されたことになりました。一万体というのはちょっと大げさな数だと思いますが、柱だけでなく壁にも薬師仏の姿がたくさんあったようで、さぞや壮観だったろうと思われます。

大直禰子神社の屋根裏から発見された、地蔵菩薩立像

唐招提寺《とうしょうだいじ》の薬師如来像《やくしにょらいぞう》に匹敵する「丈六《じょうろく》の仏像」

仏像に興味のある方には、大きな発見もありました。聖林寺《しょうりんじ》に移された国宝の「十一面観音立像」と同じ時代のものと思われる大きな仏像の断片《だんぺん》が見つかったのです。

この仏像については、昭和三十年代と昭和五十年代に、それぞれ調査をした二人の研究者が、天井裏などから発見された断片をもとに、大御輪寺に十一面観音立像と並ぶ仏像があった可能性を指摘していました。もし、そんな仏像があったとしたら、十一面観音立像にまさるとも劣らないほどの価値を持った仏像だったはずです。

ただし、以前に見つかった断片の数はわずかで、あくまでも可能性の域を出ないと指摘されてきました。謎の仏像だったのです。ところが、今回の私らの解体調査では一八個もの断片が発見されて、二人の研究者の指摘を補強するとともに、謎の仏像が実在していた可能性が一段と高くなりました。

見つかったのは頭部や髪の毛の部分、法衣《ほうえ》、肉身部分などの断片で、この断片から計算すると、謎の仏像の大きさは、唐招提寺金堂の薬師如来像をしのぐものだったと推定する

〝丈六の仏像〟の頭部断片《だんぺん》

ことができました。唐招提寺の薬師如来は高さ約三・三六メートルという大きなものです。それより大きい仏像があったということです。

仏教には「丈六《じょうろく》の仏像」という言い方があります。丈は長さの単位で一丈は十尺になりますから、「丈六の仏像」とは一丈六尺（約四・八五メートル）の仏像ということになり、大きくて立派な仏像という意味にもなります。謎の仏像はまさに「丈六の仏像」と言ってもいいような仏像であり、唐招提寺の仏像と同じく、如来像であったということまでが、推測できました。

ただ、建物のことなら、どんな小さな部材からでも、かなりのことがわかるという自信がないわけではありませんが、相手が仏像となると難しいところもありますし、とにかく、まだまだ証拠が足りないのも事実です。

謎の仏像が実在したであろうことは、ほぼ間違いのないことだと思いますが、ほんとうの姿は今も、長い時の流れの中に隠されているのです。

4章　千年後の日本に文化財を伝えるために

――もう一度見直すべき「古《いにしえ》からの慣習」

台風との不思議な「縁《えにし》」

室生寺五重塔の修理は一生の思い出になる仕事でしたが、台風で壊れるというアクシントだったからこそ、県庁ＯＢの私のところに仕事がまわってきた。これは偶然と言えば偶然です。そやけど、ほんとうに偶然だけだったのかどうか。あの五重塔を壊したのが台風だったというところに、何か、縁《えにし》のようなものを感じてしまうのです。私は不思議に台風と縁があるのかもわからん。そんな気がします。

そもそも、私が文化財の保存修理という世界に入ったのも、台風がきっかけでした。もしも、昭和二十五年にジェーン台風がやってこなかったら、県庁に入らずに他のところに勤めていただろうと思います。台風が結んでくれた縁ですな。

吉野工業高校の建築科で勉強していたぐらいだから、もともと建築には興味がありましたが、とくに文化財の保存修理という仕事に興味を持っていたなどということはなくて、卒業したらどこかの建築会社にでも入るかとぼんやり考えていた程度です。一度、県の文化財保存課で技師をしている人が学校に講演に来て、古建築について話していったことはありましたが、その時は、まさか、自分がその世界に入ることになるとは思ってもいなかった。

ところが、卒業の前の年の秋、ジェーン台風のために、奈良県下でもあちこちの文化財に被害が出て、急いで修理をしなければいけないということになった。

県にはもとより文化財関係の技術者はいるのですが、何箇所も被害を受けたので、とても手が足りない。そこで、卒業予定の学生を四、五人世話してくれないだろうか、と高校のほうに話があった。建築科がある高校は、当時の奈良県内では吉野工業高校だけだったのです。

私も何が何でも民間の建築会社に入りたいと思っていたわけでもなし、県庁が人を欲しがっていると聞いて、県庁ならばそう悪いこともなかろうという程度の軽い気持ちで履歴書を書いて出しました。そうしたら、じゃあ、来てくれということになって、同期生三人と一緒に県庁に入ることになったのです。最初の肩書きは奈良県文化財保存課臨時技術雇《やとい》という長たらしいものでした。

県庁に入ると、待ち構えていたようにして現場に出された。それが大直禰子《おおたたねこ》神社の修理工事です。文化財の保存修理とはどういうことか、まだその頃は右も左もわかりません。

ただ言われた通りに仕事をしていただけで、大直禰子神社の現場で過ごした一年は、そんなに面白いこともない一年でした。

そんな気持ちのままで文化財の仕事をしていたら、とても長くは続かなかったでしょうが、次の年、薬師寺東塔と南門の修理工事の現場にまわされてから、仕事の面白さがわかってきた。

文化財保存技術者の一番大事な仕事とは

この時の薬師寺の現場にいた主任が、保存修理という仕事の面白さに目を開かせてくれたのです。その主任はもう六〇歳前後になっていて、薬師寺に続いて「十輪院《じゅうりんいん》」という奈良市内のお寺の保存修理でも、四年ほど一緒に仕事をしました。大学の偉い先生の助手のようなこともしていて、何でも知っている。私が一緒に仕事をさせてもらった頃は、もうだいぶ円《まる》くなっていましたが、昔は厳しかったのやろなと、思わせるような人でした。

その中でもありがたかったのは、図面の書き方をそれこそ手取り足取りで教えてくれたことです。大工さんなら木を加工して組み立てるのが仕事です。では、私ら技術者の仕事は何かと言ったら、結局のところは図面を書くことです。図面ですべてを説明し、図面で仕事の指示をする。図面に始まって図面に終わるような仕事と言ってもいい。

図面の書き方ぐらいは学校でも習っているわけですが、社会に出たらそんなものは役に立ちません。上下の線を引く時は下から上に線を引くとか、横に引く時は左から右に引くとか、烏口《からすぐち》の研《と》ぎ方とか、ごく基本的なことを習っただけで、やはり学校の勉強と社会でやっていることは違います。まして、学校では文化財の保存修理の図面の書き方なんか教えてくれへん。

おまけに、私は高校時代から図面が苦手で、どうやっても好きになれなかった。それが、この主任に出会ったおかげで、いつのまにやら、図面を書くのが好きになりました。とにかく図面はよう書かされました。最初はいやいや書いているから、ろくな図面ができるはずがありません。「こんな図面では駄目や、もういっぺん書き直せ」と何度言われたかわかりませんな。そのたびに書き直しです。

それが良かったのでしょう。毎日、毎日、図面を書かされているうちに、だんだん図面が好きになってきた。間違いのない図面を書くには、まず、ものをよく見ないと駄目です。第一にその訓練になった。そして、ものを見ているうちに、木の削り方、穴の彫り方、木の組み合わせ方などにも興味が出てきた。さらに、ほう、こんなふうに部材を作っているのかなどと、ものの見方もそれなりに身についてきた。これが第二の訓練ですな。そして、いい図面を書くことができれば、なまじの言葉よりもずっと正確に、その建物を説明できるものだということがわかってきた。

私は建物の姿の変遷を見るため、図面上で時代ごとに部材を色分けしてみるということをよくやってみるのですが、このやり方もさかのぼれば、この頃の経験から来ているのです。どんなに部材が転用されていても、時代ごとに色分けした図面を見れば一目瞭然《いちもくりょうぜん》です。一枚の図面にちょっとした説明をつけておけば、それで用が足りる。こんなにいいことはありません。

漫然《まんぜん》と見るだけでは何も残らない

図面が好きになり、また文化財を前にした時にどこに目をつけたらいいかということがわかってくると、保存修理の仕事にもますます興味が湧いてきて、そのうちに、休みのたびに、カメラを持ってあちこちの文化財を見てまわるようになりました。県内で文化財に指定されている建物は全部見ましたよ。写真もどれぐらい撮ったかわかりません。私はとくに軒《のき》を支える組物、斗栱《ときょう》が好きですから、軒まわりの写真は必ず撮りました。

とにかく建造物と名前がつけば全部見ましたね。十三重石塔《じゅうさんじゅうせきとう》なども、もちろん建造物だから当然のことに見ます。仏像があればそれも自然に見ることになります。もっとも仏像は私らの仕事とは直接のかかわりはないし、仏像を見るために出かけていくということは滅多になかったのですが、それでも、自分の目で見ておけば無駄になるということはありません。

しかし、建物を見ると言っても、ただ漫然と見ていたら、あまり勉強にならんかもしれませんね。私は、その日、どこにポイントを置いて見るかをまず決めて、それに従って見ていくようにしていました。たとえば、飾りの金具を見に行こうと決めたら、その日はどこに行っても、金具ばかり見て歩く。もちろん、その他の部分も見ますが、その中でとくに注目するところを決めておくのです。

この勉強は後になって思わぬところで役に立ちました。県庁に勤めていると現場ばかりというわけにはいかなくて、総務的な職場も経験することになります。そうなると、文化財の関係で何かあると、全部、問い合わせがまわってくる。

文化財専門に仕事してきた人間なんやから、そういう時には、ちゃんと受け答えができないと格好悪いわけですが、若い頃にいろいろなところを見てまわったおかげで、どんな問い合わせが来ても、あまりまごつくようなことはなかったですね。

若い頃の薬師寺の保存修理工事で、あの主任との出会いがなかったら、私もどうなっていたやらわかりませんな。そういう先輩に若い時に出会えたのは、まったく幸運だったと思います。世の中にはいい先輩に出会えなかったばっかりに、仕事のやり方や仕事の面白さがなかなかわからないで、そのために苦労しているという人もいるようですから、出会いというのは大事にしないとあきませんな。

役人を辞めて気づいた「習《なら》い性《しょう》」の恐ろしさ

今では図面を書くのは苦でも何でもない。むしろ楽しい仕事になりました。また、おかげで、県庁を辞めても、すぐに社寺建築の設計事務所を開くことができた。設計という仕事は、それこそ図面を書いてなんぼですから、図面が嫌いだったら仕事になりまへんわ。

ところが、私の場合は、県庁で月給三〇〇〇円から始まって、図面のことをはじめ、長い間、いろいろと勉強させてもらったおかげで、定年退職で県庁を辞めても困るということはない。給料をもらいながら勉強させてもらったのは、とても素晴らしいことやったなとつくづく思いますね。

自分で事務所を開いてからは、新築の仕事が多くなりました。これはこれで楽しいものです。考えようによっては保存修理よりも面白いかもわからん。保存修理の仕事では、きちんと大きさを測って、その通りに図面に起こすのが大原則です。変に個性を出したら具合が悪い。

そこへいくと新築は違います。新築なら、自分でもいろいろ工夫ができる。自分の考えというものを生かせるわけです。この大きさの建物なら柱間はこのぐらいがいいだろうとか、屋根はこういう形がいいだろうとか、いろいろ考えることができるわけです。これは保存修理の世界ではなかなか味わえない楽しみです。

勉強ということで言えば、全国的な規模で開いている勉強会にもお世話になりました。国のほうでも文化財保存の技術をレベルアップしなければあかんと考えていたようで、私らが県庁に入ってしばらくした頃から、全国から技術者を集めて研修会を開くようになりました。私がそういう研修会に初めて参加したのは昭和三十三年のことやったから、円《えん》成《じょう》寺《じ》本堂か唐招提寺《とうしょうだいじ》宝蔵の工事をしていた時ですわ。

当時は文部省の中に文化財保護委員会というところがあって、その委員会の技師の方が研修会の先生になる。文化財保護委員会はその後で文化庁の管轄《かんかつ》になりましたから、今で言ったら文化庁の技官ですね。その他に大学の先生とかいろいろなところから講師が来てました。

そして、全国から技術者を集めて、一週間とか一〇日とか缶詰めにして研修させ、最初の段階の研修が終われば初級、その次のレベルになれば中級、さらに上のレベルになると上級の修了証書を渡してくれる。国の研修会の場合は、場所は東京、奈良、京都といろいろです。私は東京にも行きました。真夏の暑い最中に、東大の教室で一〇日ほど缶詰めになりましたよ。桜井の大工の息子が東大で勉強するようになるとは思ってもいなかったのですが、こういう研修会も勉強になりました。

そういうものもあったから、県庁でもなんとか仕事をしてくることができたし、退職してからも、仕事に困るということはないわけで、何でもかんでも自分ひとりで勉強してきたのやないのです。そやから、自分ひとりの力で今の仕事がやれているなどという気はありません。

役人というものはえらい威張っているものやなとわかったのは、自分で仕事をするようになってからでした。自分が役人をやっている時は、威張ってものを言っているようなつもりはぜんぜんないのに、民間から見るとそうやない。やはり威張っているように見えてしまう。そんなつもりはなくても高姿勢に見える。

私も事務所を開いた当座はそれがわからなくて、どこか県庁で仕事をしていた時の気分でものを言っているところがありましたが、最近になって、ようやく、商売をやっている人間らしいものの言い方ができるようになったと思っています。設計監理の事務所らしいものの言い方ができるようになった。県庁を辞めてから何年もたたないと気がつかないのですから、習い性というのは恐ろしいものですな。

建物に込められた人々の「思い」、「願い」を守り抜く

それでも、頭の中を完全に切り替えるのは難しい。氏《うじ》より育ちと言ったら大袈裟《おおげさ》かもしれませんが、新築の仕事でもやはり保存修理の感覚が出てきてしまうことがありました。兵庫県の伊丹《いたみ》に昆陽寺《こやでら》というお寺さんがあります。昆陽と書いて「こや」と読ませます。

何か渡来人《とらいじん》と関係のある読み方のようです。ここの本堂の新築工事と行基堂《ぎょうきどう》という建物の修理工事を頼まれた時、つい、昔の癖が出てしまったのです。

ここのお寺では、阪神淡路大震災で本堂がつぶれてしまい、施主《せしゅ》さんの意向としては、ぜんぶ新築で建て直したいということでした。しかし、つぶれてしまった本堂もなかなかいい建物なのです。江戸時代の初めの寛永《かんえい》の頃にできた建物なのですが、それを元禄《げんろく》時代に今の場所に移築してきた。

そういう建物なのに、いくらつぶれたからと言って、全部ほかしてしまうのはもったいないし、さみしいやないですか。

せめて柱だけでも使いましょうと施主さんにお願いして、結局、柱だけは元のものを再利用することになりました。新しい本堂は元の本堂よりも一回り大きな建物にしましたが、柱だけは元の本堂のものを使っています。寛永の柱と言ってもきちんとしたものでした。さすがに、千何百年も前の時代のヒノキと同じというわけにはいきませんが、まだまだ使えるのですから使ってやらんと気の毒です。

また、そんな時代の木は、今となっては、そうそうあるものではない。また、由緒あるお寺さんの本堂なのですから、何もかも新しいというのも何か味気ないでしょう。そんなことも思って、元の柱を使うことで納得していただいたのです。文化財の保存修理などという仕事を何十年もやっていると、たとえ柱ひとつでも、軽い気持ちでは捨てられなくなるようです。

保存修理の仕事のいいところは、三〇年や五〇年で消えてしまうような仕事ではないということです。今の建物は何百億円も何千億円もかけて立派な建物を造っても、わずか一世紀も続かない。すぐにつぶしてしまって、また、新しいものを建てる。また、最初からそのつもりで建てている。そやから、いくらいい仕事をしても、やがては消えてしまいます。

しかし、文化財の保存修理はそういうことはありません。文化財になっているような建物は何世紀でも守られていく。そのために私らのような人間がいて、その時々の仕事は、建物が火事で焼けたりしない限りは永遠に残るのです。何世紀たっても消えることはない。千年後にも伝わっていく。偉そうに言わせてもらえば、永遠というものにつながっているということです。そこが新築にはない魅力であり、やりがいのあるところなのです。

保存とか修理とか言うと、なんや、前からあるものをその通りに守っているだけやないかと思われる人もいるかもしれませんが、ただ古いものに手を入れて保《も》たせているというのとは違うのです。その建物に込められた人々の思いや願い、祈り、そういうものを守っている。こんな仕事が他にあるでしょうか。

「いい大工」とは、どんな人か

私の生家《せいか》は大工の筋で、四代続いている大工です。父親も大工でしたから、カンナやノミなどの道具には、私も子供の頃から馴染んでいます。大工道具が玩具《おもちゃ》のようなものでした。小学校の二、三年生の頃にはノミで穴を彫って遊んでいましたし、五、六年生の夏休みや冬休みには、親父の仕事の手伝いに行っていました。

誰に教えられたわけでもなければ、自分でそういう道を選んだわけでもない。気が付いた時には大工の仕事を覚えていたというようなもんです。文化財などとは縁がない普通の大工の家でしたが、それでも家には住み込みの若いお弟子さんが四、五人いて、私もそういう人たちと一緒に育ったのです。

そやから、今でも、大工の仕事は一通りのことはできますし、どんな道具を使っているか見れば、どのくらいの大工か、だいたいのところはわかります。腕のいい大工は、道具の扱い方ひとつ見てもどこか違うものです。道具にその人が出てくる。

じゃあ、どういう大工が腕のいい大工か、ということになるわけですが、これが難しい。こういう大工がいい大工だと簡単に言うことはできない。また、そこが面白いところでもありますな。

大きく分けたら大工さんには二つのタイプがあります。ひとつは仕事は粗《あら》いけども勘定が立って手早い大工。もうひとつは仕事は丁寧だけど前を向いて進まん大工。前を向いて進まんというのは、仕事が遅いということです。これはどちらがいいとは言えない。どちらも持ち味というものです。

その他にも、仕事はあんまりうまいことないけど、下の人間を動かすのが上手な大工もいる。逆に、人を扱うのは苦手でも、一人でコツコツ仕事をやらせたら誰にも負けないという人もいる。大工さんもみんな同じというわけやなくて、それぞれに長所短所、得手不《えてふ》得手《えて》がある。そういうところをちゃんと見てあげないとあかん。

私の父親は息子の私が言うのも変ですが、どちらかと言うと頭が切れるほうで、筆も立つ人でした。勘定が立つほうの大工やったわけです。丸太なんか扱わせたらうまいものでした。

昔の家では、梁《はり》なんかには、曲がったような丸太をほとんどそのまま使っていたものですが、ああいうものを上手に扱っていた。横で見ていても、とくに考えるふうもなく、ちゃちゃっと墨つけをしてしまって手早く仕事をしていました。図面なんかいらない。自分の頭の中で計算して墨をつけてしまう。曲がった丸太を使うのにいちいち紙に書いて計算していたら、かえってややこしくて仕事になりません。棟《むね》を載せるのでも、途中まで建っている建物を見て、ここのところはなんぼ下がっているから、次の木をそこから上になんぼ継ぎ足せば棟が載って、そこから垂木《たるき》をかければ真っ直ぐかかるとか、大工さんというものは、そういう計算を全部、頭の中でやってしまうのです。

家を建てているところを見ると、釘を打ったり、ノコギリで木を切ったりしていますから、それが大工の仕事だと思うかもしれませんが、そういう仕事は、大工さんの仕事の一部であって、頭も使っているのです。また、頭が使えないようでは人を使うような大工さんにはなれません。

棟上げはお祝いですから、みんなが見に来ます。上手な大工ならちゃんと棟が上がる。ところが計算を間違えていたりすると、いくらワッサワッサと大勢でかかっても棟がうまく上がらない。二箇所も三箇所もエラーが出てくる。これでは上棟式《じょうとうしき》も台無しになってしまいます。

「癖のきつい」おっさんに鍛えられて

そういう大工さんに仕事をしてもらうのですから、技術屋もいい加減な気持ちでいるとなめられますよ。大工さんの仕事ばかりではなくて、檜皮《ひわだ》の見分け方とかいろいろなことを知っていないとなめられてしまう。また、技術屋としては、大工さんになめられるというのが、一番頭に来ることなのです。そうなると技術屋のほうでも意地になってきますから現場がギクシャクしてしまいます。

また、私らが若い時分には、頑固というか、癖のきつい大工さんも多かったような気がしますね。こちらがまだ技術を知らなかったから、そう見えたのかもしれないけど、なんや、このおっさん、偉いきついやないかと辟易《へきえき》させられるような人もいたものです。

私のような若い者が何か違ったことを言ってしまうと、こいつ仕事を知らんなと思われてしまって、知らん顔してちょっと変わったことをしてみたりする。そうやって、からかったり意地悪したりするわけです。自分の息子のような年の人間に、こうしろ、ああしろと言われて、しかも、言っていることがちょっとおかしいということになったら、大工さんのほうでも面白くはないでしょう。

大工さんにはプライドが高い人が多い。そやから、大工さんに限らず、職人さんにものを言う時は頭ごなしにガンガン言うようなことをしては駄目です。おだてるところはおだてなくてはあかんし、また、なめられないように、言うべきところではぴしゃりとものを言わなくてはあかんのです。

しかし、そういう世界で長い間、仕事をしてきたせいか、私も偏屈《へんくつ》だと思われているところがあるようです。若い頃は、年のいった大工さん見て、なんや、きついおっさんやなと思っていたのに、気が付いたら、自分がそう言われている。私自身はごく常識的で、平凡な人間やと思っているのに、他の人から見ると、そうでもないらしい。私ほど常識的で癖がない人間も珍しいのやないか。人にそう言うこともあるのですが、たいてい笑われますな。「あんた、ようそんなことを言うわ」と笑われます。自分が思っている自分と、人が思っている自分はだいぶ違うようです。

私は大工の家に生まれて、小さな頃から大工の仕事の真似事《まねごと》はしてきましたが、大工になるつもりはなかった。小学校の時分から親父に連れられてアルバイトみたいな感じで大工の仕事をしていても、それは何となくやっていただけで、特別そういう仕事が好きだったわけでもないのです。

子供心にこんな力仕事は体がきつくてかなわんな。もうちょっと楽な仕事はないものかと思っていました。板ひとつを削るにしても、それなりの力を入れなくては削れんわけで、なまじ大工の仕事がわかっていただけに、ちょっとでも楽なほうに行きたいと考えていたわけです。

私の上には兄がいて、この兄はもう亡くなっていますが、親父の仕事を継いで大工になりました。兄がいるという気楽さもあったのか、自分は大工ではなくて、図面でも書いて楽したろかなと思うようになり、吉野工業高校の建築科に行かせてもらった。家は兄貴が継げばいい。弟はどうせ家を出て行くのだし、力仕事のようなことはもう結構やという気持ちでした。

高校に行きたいと言ったら、親父にはしっかり勉強してこいと言われただけで、別に反対もされなかった。もっとも私が入学したのは昭和十九年で戦争の最中ですし、学校が焼けたりして、勉強どころやない。入学してから終戦の八月まで、勤労動員で畑に行って芋を作ったり、そんなことばかりでした。

また、戦争が終われば終わったで、学制改革ということになって、新制の中学ができたり、高校ができたりするという具合ですから、やはり落ち着いて勉強できるような時代ではない。県庁に入ってから勉強をしたようなものです。

個性の強い大工こそ腕がいい

しかし、図面が書ければ、技術屋としていい仕事ができるかというと、そういうものでもない。現場をまとめていくのも私らの仕事です。そういう時は大工の家で育ったということが逆に邪魔になることもありますね。

大工のほうの都合や内情もわかっていますから、ここは厳しく叱っておかなあかんという時でも、ああ、ここは大工の都合から言えば、仕方のないところもあるなと頭の隅っこのほうで考えてしまって、矛先《ほこさき》がちょっと鈍《にぶ》ったりする。そういう意味では大工の内情にあまり詳しくないほうがいいかもしれません。

そうかと言って、上からものを見て、ガンガン言っているばかりでも現場は動かないわけです。人を使うというのは難しいものや。内情がわかりすぎるのも駄目、わからなすぎるのも駄目。また、ガンガン言うばかりでも駄目、やさしすぎても駄目。それぞれの人の立場、持ち味というものを頭の中にいれておかんと。

一番いいのは、大工さんに何かものを言う時には、その大工さんの下に自分がいるような気持ちになって言うことです。上からものを言うのと反対のことです。職人さんというのは、だいたいが個性の強いものです。しかし、個性の強い人ほど、その裏づけとなる腕を持っているということもありますからね。

男ばかりで合宿みたいなことをしながら仕事をしていた大峯山寺《おおみねさんじ》では、仕事が終わっても同じ宿舎に戻って寝るだけですから、ギスギスした雰囲気になっても困ると思って、カラオケを一台、宿舎に置きました。二〇人からの人間が朝から晩まで一緒にいるような現場ではそういう工夫もいるわけです。このカラオケは効果がありました。

私は若い頃から現場を持たされてきていますが、人を怒って何かをやらせるということはあまりしませんでしたな。「お前らができきんのなら俺がしてやるわい」というぐらいの気持ちでいたから、どこかしら余裕があったような気がします。

実際、あんまり下手な大工には仕事の仕方を教えてあげることもありました。人を使う偉そうなことを言っているけど、何も知らんやないかと馬鹿にされたら仕舞《しま》いです。こいつは現場を見ている時に、ちょっと気が付いたことがあったら、俺に道具を貸してみろと言って、大工の目の前でその人間よりも上手にできるところを見せる。なに、本職ではないから、実際に仕事をやらされたら、長くはやっていられないのですが、ちょっと道具をいじるぐらいなら、たいていの大工よりも上手にできる。そこを見せれば、大工も一目《いちもく》置くようになります。

技術者は大工とは仕事が違うのですから、大工よりも上手である必要はないわけですが、それでも、一通りのことは知っておいたほうがいいのです。しかし、最近の若い技術者は、大工の仕事がどんなものか知らない人が多くなりました。図面はそこそこ書けるけれども、その図面で大工がどんな仕事をするか、それを知らない人が多い。知らないから仕事にならないということもないのですが、知らないと余計な遠回りをすることにもなりかねない。そこが心配なところですね。

どうすれば伝統技術は継承されるのか

もうひとつ心配と言えば、公務員的な考え方で仕事をしていたら、伝統的な技術が伝わっていかないのではないかということです。今の時代には無理な注文かもしれませんが、昔のように中学を出たぐらいの頃から住み込みで親方の下について修業するようなことをしないと、技術が伝わっていかないような気がするのです。

私の父の下にはいつも三人ぐらいの弟子がいて、家の二階に寝泊まりしていました。弟子は二階というのがうちの決まりだったのです。お弟子さんが家に来たら、さらの道具一式を買ってあげて、食べるもの、着るものも全部親方持ち。たまには小遣いもあげて奉公《ほうこう》してもらい、一人前になるまで面倒を見る。

ほんとうの意味で技術の伝承ということを考えたら、若い頃から同じ釜《かま》の飯を食って、親方の家の雑巾《ぞうきん》がけから修業をしていけば、人間形成にもなります。辛抱というものを覚える。仕事というものは人間どうしの気持ちがつながっていないとうまくいきませんから、歯を食いしばってでも辛抱するということを知っておくのは大事なことなのです。

ところが、最近の若い人は、子供の頃から自分の部屋を与えられていたりするから、みんなと同じところに住んで辛抱するということができない。まして、雑巾がけなどやらせたら、その日のうちに逃げ出しかねない。また、親方のほうでも、昔とは時代が違うから、住み込みの人間を入れる余裕もない。変な人間を入れてキレたりされても困る。そう考えると、今の若い人は幸せそうに見えても、実はそんなに幸せではないのではないかという気もしますね。

建設会社の中には、寮を造って若い人を四、五人住まわせ、昔の内弟子のようなやり方で鍛えているところもありますが、建物が別なのですから、昔の内弟子のようなわけにはいかないのです。

住み込みの弟子のいいところは、親方の奥さん、子供、それから仲間がみんな一緒になって暮らすことなのです。夕方の五時なり、六時なりに仕事が終わったら、あとは寮に戻って自由にしてもいいということでは、ほんとうの修業になるかどうか。それでも、通いで仕事をするよりはましでしょうけどね。

電気道具は、人間の体と木材を見分けてはくれない

大工という仕事は、中途半端な気持ちでやっていたら、危険なところもあるのです。高いところにも登るし、刃物を扱う。また、最近は電気の道具も増えてきた。電気で動いている道具は不便なもので、木と人間の体の区別がつきませんから、同じように切ってしまう。下手をしたら指ぐらい簡単に飛んでしまう。昔のカンナやノミなら、手元が狂っても、その瞬間にハッと思って力を抜きますから、そんなに大きな怪我になることは少なかったのです。

文化財の保存修理の現場でも、最近は電気の道具を使っています。今は経費の中で一番大きいのは人件費やから、人件費を抑えて、工期も短くしようと思ったら、電気の道具も使わざるをえない。あらかたのところは電気の道具でやっておいて、仕上げのところは手を使うというやり方が増えてきました。

ちょっと心配ですわ。徒弟《とてい》奉公はなくなるわ、仕事は電気の道具を使うわということをやっていて、果たして技術が伝わっていくものかどうか。昔と同じやり方はもうできない

でしょうが、何かいい方法がないものかと思います。

何でもかんでも役所や会社のように、何時から何時までと働く時間を決めて、仕事が終わったら後はプライベートやから、お前の好きなようにせいというやり方がいいのかどうか。そこはもういっぺんちゃんと考える必要があるのではないでしょうか。

大工さんの腕も、実際、前よりも良くなったとは思えませんわ。私らが若い頃、一緒に仕事をした大工さんは、年のいった熟練の人が多かったけど、私らが年を取っていくのと反対に、大工さんのほうは年のいった人が減って、若返ってきた。若返りも悪いことやないんやけど、私らが若い頃に仕事をした大工さんのようなきちんとした技術を持った人が少なくなって、技術はだんだん低下してきているような気がしますね。

ただ、こっちも若い頃とは違って、大工さんを見る目も肥えてきているわけやから、そのせいで、今の大工さんの技術は昔ほどではないなと思ってしまうということも、あながち、ないわけではないと思います。

若い頃は大工さんを見るのでも、みんな年上の人ばかりで、下から見るような格好になる。こっちが年をとれば、逆に年下の人間ばかりになって上から見る。そういうことはあると思う。

そやから、私が言うことだけが正しいとは思っていませんが、職人を育てるのやったら、厳しかったかもしれんけど、やはり、昔のやり方にいいところがあったんやないか。この考え方は間違っていないと思います。

「縁側《えんがわ》」が、なぜ貴重な伝統文化なのか

私が住んでいる家は親父が建ててくれた家です。建てた頃は五尺（約一・五メートル）の縁側もあったのですが、その後、縁側をつぶして応接間を建て増ししました。五尺の縁側と言っても今の人はわからないかもしれませんが、奥行が五尺ある縁側ということです。

建てた当時でも、結構広いほうの縁側でした。日向《ひなた》ぼっこにもちょうどいい。親しい人なら、玄関からあがってもらうのではなくて、庭を通って縁側に来てもらい、そこに腰掛けて話をするということもできる。猫の額《ひたい》でもいいから庭先をちらちら見ながら、しょうもない話をするなどというのは、縁側がないと味わえない楽しみです。そやから、「縁談」いうのは、縁側から来ている言葉ですわ。縁側で話がまとまるから縁談。

ところが、最近の家にはこの縁側がない。縁のない家になっている。いくらきれいに色が塗ってあっても、縁がないというのは、何やら味気ない気がしますね。そうかと言って、縁側を無理につけても、今の若い人には縁側の使い方もわからんかもしれへん。マンションにはベランダがありますが、あれは物干し場みたいなもんで、第一、高いところのベランダでは、無理に椅子を並べて腰掛けても、落ち着かんですやろ。

縁側ひとつ取っても、それぐらい変わっている世の中ですから、文化財のような伝統的な文化や歴史と深く結びついたものを、これからも長く守っていこうと思ったら、いろいろな面で、今以上の工夫をする必要はあると思います。

寝ても覚めても「文化財」という重圧

文化財の保存修理という仕事はストレスがたまりがちな仕事です。まず、失敗は絶対に許されん。また、こうしたらもっときれいに見えると思っても、勝手に変えることも絶対に許されないことです。しかも、一日で終わるという仕事ではない。

ここが終わったら、次はあそこをこうやって、そのまた次はこうやって、最後はこういう姿になるという考えが絶えず頭にあるわけです。そやから、ほんとうに気が休まるということがない。台風でも来れば、素屋根《すやね》が飛んだりしないやろかと心配になるしね。

今はそんなこともありませんが、県庁にいた頃は、駐車場で車を整理している人を見ても、羨《うらや》ましいような気がしたものです。一日の勤務時間を終えてしまえば、後はなんにもない。すっきりしたものです。ああいう仕事のほうがよかったなと何度思ったかわかりません。保存修理の仕事は毎日、毎日、仕事が続いていて、完成するまでは切れ目というものがあらへん。

保存修理の仕事でも勤務時間はきちんと決まっていますが、頭の中はそうきれいに割り切れるものやないのです。頭の中は土曜も日曜もない。ひどい時には正月から設計図を書いている。また、おかしなもので、そういう時ほど仕事がよくできる。ちょっと半端にひまがあると、かえってよくないようです。

そんな仕事をしていたせいか、若い頃はタバコを日に三箱も吸っていました。さすがに体に悪いと思って、途中からタバコとは縁を切りましたが、失敗は許されない、勝手に変えてもいかん、おまけに、一人でする仕事ではなくて大勢で一緒にやらんとならん。そういう仕事やから、自分で工夫しないと神経にこたえてくるということにもなりかねない。

パソコンでは勝てない「手書き」の力

頭の中は土曜も日曜もない状態ですが、私の場合は、夕方の五時なら五時と時間が来たら、そこで仕事をやめることにしていました。そやから私が持っていた現場では、残業は一切なし。時間になったら、「はい、今日はこれで終わり」と言って、仕事をやめさせてしまう。そして、みんなと一緒に呑みに行ったりして気持ちを切り替える。

ところが、最近の人は、夜の八時になっても九時になっても、まだ、だらだらと仕事をしている人が多い。「お前らは昼間は何をしとるのや。昼寝でもしとるんか」と言ってやっても駄目ですな。そういうもんだと思っている。そんな時間までやらんでも仕事はできるはずなんです。遅くまでやらんと仕事が終わらんというのは、どっかやり方におかしいところがあるということですよ。そこに気がつかんとあかん。

県庁でもどこでも、暗くなってから寄ると、若い子が「これからがほんとうの仕事ですわ」とか言って張り切っていたりしますが、何をやるのかと思って見ていると、テレビみたいなもんの前に座って何かやっているだけです。いや、あれはパソコンと言うんやったですな。

建築会社ではどこでもパソコンを使っていますが、文化財の仕事ではまだパソコンを使って図面を書くような人は少ないですね。最近のCAD《キャド》（パソコンの作図ソフト）はずいぶん上等になって、曲線もなめらかに書けるようになったし、三次元でものを見ることもできるから、前よりは便利にはなりましたが、私らのような昔ながらの人間はパソコンはどうも馴染めない。何やら手ごたえがなくてあかんのですわ。自分の手を使って一本一本、線を引いていかないと頭がうまく働かんような気がするのです。

虫に弱い「マツ」の木も使いよう

仕事上のことで好き嫌いを言ってはあかんのですが、マツという木はどうしても好きになれませんな。虫に食われてボロボロになっているのを見たりすると、舌打ちしたくなることもあるぐらいです。いや、マツだってそんなに悪い材ではないのです。生長が早くて手に入れやすいし、値段もほどほどやから、柱などにもよく使われています。ところが虫に弱いから困る。木もいろいろで、虫に強いのもあれば、弱いのもある。その弱いほうの代表がマツですわ。しかも、柱にも使う材ですから、影響も大きい。

昔の人だってそれぐらい知っていたと思います。ただ、使い方によっては、ものすごく強くなるような使い方もできるのです。

木は中のほうに赤身の部分があって、その外側に白い部分がある。白い部分は「白太《しらた》」と言います。白太はどんどん生長している部分で繊維も柔らかい。それが生長していくにつれて目が詰まって「赤身《あかみ》」に変わり、その外側に、また新しい白太ができていくというわけです。

マツも赤身だけを使えば強い柱ができます。ここは虫もつきにくい。虫だって生き物ですから好き嫌いがあるのでしょう。硬くて食べにくいところよりも、柔らかいところのほうがいいから、白太があるのなら喜んで白太を食べる。若いマツはとくに白太の部分が大きくて赤身はわずかですから、虫にしてみれば、こんなご馳走はないのです。

だから何百年もたったようなマツを伐採して、赤身のところだけ使うようにすればいいのですが、中には、手っ取り早くやろかということで、若いマツを使って白太をたくさんつけたまま、柱にしてしまうこともある。そうすると長く保《も》たない。すぐに虫がとりついて、どんどん食っていく。百年足らずでひどいことになり、さらに、私らが保存修理をする頃には、ボロボロ、スカスカの情けない姿になっているというわけです。

全体に言えることでもありますが、そやから、マツも使いようなのです。いいところを生かして使ってやれば実力を発揮する。格好だけ見て、柱の姿をしていればいいやろと、悪いところを残したまま使えば、もろに悪いところが出てきてしまう。そこは使うほうで考えてやらんとあかんのです。

マツの柱は、どうも、虫に食われやすくてかなわんというのは、人間の都合というものですわ。マツにしてみれば柱になるつもりで生《は》えているわけやないのです。マツにはマツで、人間には計り知れない都合もあるやろし、事情もあるはずです。それを使わせてもらうのですから、いいところを伸ばしてやらんと可哀想や。

白太のところが虫に弱いのはアカマツでも何でも、だいたい一緒です。ただ、奈良あたりにはカラマツは少ないから、あまり使っているところはありませんわ。アカマツかクロマツを使っています。

また、同じマツでも男と女があって、こういうことを言うと、近頃の女性は面白くないかもしれへんが、建物に使うのやったら、やはり、男のマツのほうがいいようですな。男のマツは「雄《おす》マツ」、女は「雌《めす》マツ」といいます。雄マツと雌マツは、生えている姿を見てもすぐに区別がつきます。雄マツは葉っぱが硬くてシャキッとしています。雌マツは葉っぱが柔らかくて、木肌《きはだ》の色もちょっと赤い。こういうところは人間と一緒ですな。

適度な「柔らかさ」を持つヒノキ

建物に使うのならヒノキが最高です。何と言ってもまず強い。世界最古の木造建築の「法隆寺五重塔」が今まで保ってきたのは、ヒノキを使っているということも大きいのです。それもただの強さやない。重いものを載せても強いのですが、水にも強いし、虫もつきにくい。また、年月がたっても、年月に負けず何百年も強さを維持する。永久ということはないですが、いいものなら千年ぐらいは建物を支えてくれます。最近の建材とはわけが違います。ほんまに月とスッポンほども違う。

それから加工がしやすい。適度に柔らかくて、木を加工する道具があまり発達していなかった古い時代の人にも扱いやすかった。とくに、昔は何百年もたったような立派なヒノキがたくさん生えていたし、水気《みずけ》や油気《あぶらけ》が抜け切ってしまう前のほどほどのところで加工していたから、きれいに加工することができた。

私らの仕事でもこういうところはちゃんと見て、時代判定に役立てています。ヒノキも新しいうちに加工したものは、切った跡がスコンときれいに切れています。ところが後で切ったものは切った跡が汚い。これである程度の時代判定ができる。一本の柱に切った跡が二箇所あって、ひとつはスコンと切れているが、もうひとつは切れ跡が汚いということであれば、スコンと切れているほうが先に切ったところ、汚いほうが後で切ったところとわかります。

それに加えてヒノキの木肌には独特の味がある。とくに柱のように白木《しらき》を見せるところでは、木肌がきれいかどうかというのは神経を使うところで、これもヒノキにまさるものはない。無理に色を塗らなくても木目そのものがいいのですから、こんなに都合のいいものはないですわ。昔から日本の家は木肌を見せて、西洋の家はペンキを塗ると言われていますが、日本人に木肌のよさを教えてくれたのも、ヒノキがあったおかげやろかと考えたくなりますな。

そやからヒノキは、強い、加工しやすい、美しい、と三拍子も四拍子も揃っている。日本的な木造の家を建てるのやったら、こんなに素晴らしい用材はないと思います。強いて欠点をあげるとすれば、ヒノキのいいものは数が少ないし、値段も張るということぐらいですやろか。最近は山林が荒れていると言われていますが、何とかいいヒノキが育つようにしてほしいと思いますね。いいヒノキを育てておけば、私らの後輩も喜びます。と言うても、何百年か後の後輩のことですがね。

「ケヤキ」が鎌倉時代末期に使われ始めた理由

古い時代の建物ではヒノキの次にケヤキもよく使われています。昔の建物と言うと、すぐにヒノキを思い浮かべる人も多いでしょうが、実際にはそうでもない。ケヤキを使っている建物も多いのです。そやけど、あんまり古い時代の建物でケヤキを使っているところは少ない。飛鳥時代から奈良、平安、それと鎌倉時代も前のほうぐらいまでの建物では、ケヤキを使っているものはあまり見ませんな。ケヤキが出てくるのは鎌倉時代の末期頃からです。

どうして古い時代の建物にケヤキが少なかったかと言うと、ケヤキは硬いからです。ヒノキよりもずっと硬い。カシとどっちが硬いかいうぐらいです。そやから、もともと建材に向いている。硬いことは硬いけど、カシのように重いこともないですからね。

ところが、使おうと思っても、昔はいい道具がなかった。伐採した木を用材にしていく時は、切らずに割って使っていた。「ヨキ（斧）」というオノを使って木を割り、「チョウナ」や「槍ガンナ」で削って形を整えていたのです。ケヤキはそれができなかった。硬くてうまく割れん。カンナをかける時もよく切れるカンナでないと、うまくかけられない。使いたくてもうまく使えなかったわけです。しかし、鎌倉時代の末期頃に「大鋸《おが》」が出てきて、ケヤキも切れるようになった。

大鋸というのは文字通り大きなノコギリのことで、大きなノコギリの刃に両側から人が取り付いて使います。大鋸が登場してきたおかげで、ようやく、硬いケヤキも製材できるようになり、ケヤキのいいところを生かせるようになった。大鋸を使えば木を割らなくても縦に木を切れます。柱でも何でもできる。それでケヤキを使った建物が増えたのです。建築に使う木も道具の発達と深く結びついているということです。

さらに江戸時代になると、ケヤキの建物がますます多くなります。総ヒノキの家と言いますが、総ケヤキの家が増えてくる。ケヤキのお堂もたくさんあります。しかも東のほうに多いような気がします。富山、新潟から関東、さらに北のほうの土地ではケヤキがよく使われている。車で通っても関東に行くとケヤキが目立ちます。気候風土に合うのか、ケヤキがよく育っている。仙台にはケヤキ並木で有名な通りもあるくらいです。ここはクリスマスの頃はきれいなイルミネーションで飾られて、若い人のデートコースにもなるそうです。

強さから言ったらケヤキもヒノキにはかないませんが、社寺の建物は、柱を太くしてもあまり差し障りがありませんから、足らないところは柱を太くすればいいわけです。そやからケヤキの柱を使っても、そう簡単につぶれるようなことはない。お金がなくて、苦し紛《まぎ》れにそこらの若木のマツを伐採して使うよりも、ずっと強い建物ができます。

なぜ「翌檜《アスナロ》」というのか

復元された平城京の朱雀門《すざくもん》も、柱は吉野のヒノキを使っています。吉野と言うとスギが有名ですが、ヒノキもいいものがとれるのです。「十三重塔」で有名な談山《だんざん》神社がある多武峰《とうのみね》のあたりもヒノキの産地として知られています。また、屋根を支える小屋組み材は青森の「ヒバ」を使っています。青森ヒバは有名です。ヒバは「アスナロ」とも言いますな。明日はヒノキになろうということで、アスナロ。「翌檜」と書いてアスナロと読ませているぐらいです。水に強いから小屋組みなどには向いている木です。

ヒバは柱にも使います。全部ヒバで建てている建物もあります。とくに東京から北のほうの建物では、ヒバを使っているところが多いようですな。ヒバもヒノキ科ですからヒノキの仲間です。悪い木やない。ただ、木肌の色がちょっと黄味を帯びている。黄色がかっているのが気にならなければいいのですが、こちらのヒノキの白い木肌を見慣れた人間ならすぐに違いがわかる。有名な「木曾ヒノキ」などは見事な白さです。そういうものと比べるとやはりヒノキとヒバは違います。

うんと古い時代の建物では「マキ（槇）」がよく使われています。弥生《やよい》、縄文《じょうもん》あたりの遺跡《いせき》からは、マキで造った大きな樋《とい》がよく出てきます。水を引く樋です。マキも水に強いですからね。その次にスギが使われるようになって、さらに、ヒノキが出てきて、ケヤキも使うようになる。そんな順番で使う木の種類が広がってきたわけです。

最近は海外からも木が入ってきますから、ますます種類が増えている。それだけに日本人が長い年月をかけて育《はぐく》んできた木の文化は大事にしたいと思います。安さにまかせて、何でもかんでも輸入材ですませてしまおうなどということになったら、目も当てられませんわ。せっかく育んできた世界に誇れる文化がなくなってしまいます。木を生かして使い、木を味わう。これ、日本の自然が私らにくれた最大のプレゼントではないですやろか。

古《いにしえ》の時代から文化財を守り続けてきた、日本人の深い知恵

文化財を大事にせなあかんということになったのは、明治時代になってからのことですから、長い歴史から考えたら、つい最近みたいなもんです。それまでの間は、文化財を保護するための法律がなかったのですが、残るものはちゃんと残ってきた。法律などなくても人々が守ってきたからです。

たとえば、大峯山寺《おおみねさんじ》でも、山を取り巻く五つの寺が交替で本堂を保守、整備してきました。ひとつは登り口にあたる洞川《どろがわ》地区の龍泉寺《りゅうせんじ》。これは京都の醍醐寺《だいごじ》の末寺《まつじ》です。さらに、桜本坊《さくらほんぼう》、東南院《とうなんいん》、喜蔵院《きぞういん》、竹林院《ちくりんいん》といういずれも吉野にある四つのお寺さん。これだけのお寺さんが寄って維持してきた。

この五つのお寺さんを基盤にして五つの「講社《こうしゃ》」が組織され、大峯山寺本堂の、保守、点検作業などを、それぞれの講社が交替で受け持つ。講社というのは信心を同じくする人

たちが組織する団体で、富士山を信心する人の「富士講」、伊勢神宮を信心する人の「伊勢講」などが昔から有名です。お金を融通《ゆうずう》しあう「無尽講《むじんこう》」も、元をたどれば、信心のための講を真似したものです。

大峯山寺は修験道《しゅげんどう》の山ですから、講の集まりなども立派なものです。羽織袴《はおりはかま》に威儀《いぎ》を正した人々が高張提灯《たかはりぢょうちん》を持ってずらりと並んで、なかなか迫力がある。知らない人が見たら危ない団体の集まりかと思ってしまうかもしれへん。保存修理などで費用がかかるような時も、こういう講社が中心になって割り当てを決めます。文化財を保護する法律ができるまでは、公的な援助があったわけでもないし、長い間には苦しい時もあったと思うのですが、こういう講社の人々がいたからこそ、由緒ある大峯山寺が今まで守られてきたという側面もあるのです。

伊勢神宮は二〇年ごとに建て替えています。これを「式年遷宮《しきねんせんぐう》」と言います。二〇年ごとに新しい社殿を造って、古い社殿から新しい社殿にご神体を移すのです。春日大社も昔は式年遷宮をしていました。春日大社には四つの本殿がありますが、二〇年ごとにそのひとつを新しくして、古い建物は地方の神社が引き取る。

江戸時代の末頃からは、屋根の葺《ふ》き替《か》えぐらいですませるようになりましたが、それ以前は、ほぼきちんきちんと二〇年ごとにそういうことをしていた。そうやって「春日造《かすがづくり》」という形式が維持されてきた。引き取り先は奈良県内だけでなく、京都、大阪、兵庫あたりまで広がっています。いつの式年遷宮ではどこに引き取られているというのを全部調査してみたら面白いでしょうね。

お寺さんや神社の中には、式年遷宮とまではいかなくても、定期的に屋根の葺き替えをしなくてはならないものもあります。たとえば、板葺《いたぶ》きの屋根を守ろうと思ったら、二〇年ぐらいたったところで葺き替える必要がある。檜皮《ひわだ》やこけらだったら三〇年です。そやから、たとえば、うちのお寺は昔から板葺きだったのだから、ずっと板葺きを続けたいということであれば、二〇年に一度の葺き替えは欠かせないわけです。

こういうところでは、その社寺を守っている地元の人々も、あと何年したらわしらのお宮さんやお寺さんを修理するのやとわかっていますから、そのつもりで準備をしていきます。そして何百年も繰り返していれば、自然にこれは守らないとあかんという気概《きがい》も育っていく。そういう仕組みが昔から自然にできている。こういうところにも日本人の深い知恵があるような気がしますね。地方では今でもそういうふうに守られているところが少なくないのです。

「仏作って魂入れず」になりかねない現代

日本が豊かになったのは、ほんの最近のことです。それ以前の庶民の暮らしはつましいものでした。とくに、米もろくに作れないような貧しい村では苦しかったと思います。そういう中でも、村のお寺やお宮さんを守るために、みんなが一生懸命働いた中から寄付したり、修理の仕事を手伝ったりしていた。そういう人々がいたから、今も文化財が残っているのではないですやろか。

文化財の保存というのはこれが本来の姿ではないかと思うのです。観光コースになっているような社寺では、今はただ見物のためだけにやってくる人も増えている。それ自体は悪いことではありませんが、お寺さんやお宮さんは本来、信仰心に支えられるものであるはずで、有名なところだということだけでやってくる人ばかりになってしまったら、やはり、どこかおかしいのではないでしょうか。

文化財を保護するための法律があって、保存修理の技術者がいて、宮大工がいれば、それで守っていけるかというと、実は、それだけでは足らん。専門家だけでは文化を守ることはでけんのです。みんなで文化財を守っていこうという気持ちがなかったら、それこそ「仏作って魂入れず」ということになってしまいます。

文化財は日本人の知恵が生み出し、多くの人々によって長い間、守られてきた、かけがえのない宝ばかりです。それを次の時代に受け渡していくためには、みんながその気持ちにならないとあかんのやないか。ちょうど、村の鎮守様《ちんじゆさま》を守るために、村人が一生懸命働いたように、自分も手伝うのだという気持ちが必要だと思うのです。

五重塔を見ても、木造でこんな立派な塔を造ったのはたいしたものやと思う人はたくさんいても、そんなことを思う前に、塔に向かって手を合わせるという人は少ないですな。今の時代は五重塔も建築物のひとつとしてしか見ていない人が大半ではないでしょうか。そやけど、五重塔にも宗教的な意味があるのです。ただ高い塔を見せて、人を驚かそうとしているのやないのです。

本来は仏舎利《ぶっしゃり》（釈迦のお骨《こつ》）をお納めしている建物です。ぼさっと突っ立って見ているだけというのは、やはり、ちょっと具合が悪いですわ。見物に来た人が大勢いる中で手を合わせるのが恥ずかしかったら、せめて胸の中で手を合わせるぐらいの気持ちで塔を見てほしいと思いますね。

別に仏さんや神さんを信心していなくてもいいのです。ただ、この塔を仰ぎ見ることで心に安らぎを感じ、塔を守ってきた大勢の人々がいた。そのことに思いを馳《は》せてほしいという気がしますね。それが文化財を大切にする心にもつながっていくのやないでしょうか。

私自身も別に何を信心しているということはありません。そういうことに熱心な人から見たら、無信心、無宗教に見えてしまうかもしれへん。それぐらいだから、とくに仏教や神道に詳しいわけでもないし、たまには、失敗することもあります。ある神社の本殿の修理工事を引き受けて、神社の関係者の皆さんの前であいさつすることになったのはいいのですが、「夏には落慶法要ができるようにいたします」とうっかり言ってしまった。

しかし、落慶法要はお寺の場合に使う言葉です。お寺の本堂などが完成した時に法要をしてお祝いする。それが落慶法要です。言うたら落成式《らくせいしき》のお祝いですな。それを神社で言うのはおかしいわけです。

さっそく横にいた宮司《ぐうじ》さんから「いやいや、法要と言うのはちょっと。ここでは、ご遷《せん》座《ざ》と言ってほしいですな」と言われてしまって大笑いになりました。向こうさんだって、こっちが何も知らなくて落慶法要と言ったわけではなく、つい言い間違えたということはわかっていますから、その場は笑われるだけですみましたが、普段、お寺や神社で仕事をしている私でもそんなことがある。そやから偉そうなことは言えませんな。

時代の文化を映すものが「文化財」

奈良県にいる文化財専門の技術者は一五、六人というところです。古代国家の発祥《はっしょう》の地にしては少ないと思う人もいるでしょうな。でも、そんなに保存修理の仕事があるわけでもないのです。全解体のような大きな工事をすれば、その次の保存修理はそんなに急がなくともいい。百年後か二百年後まで保ちます。そういう意味ではあまりたくさんの技術者がいても仕方がないということになります。

ところが、その一方では、ただでさえ文化財が多いのに、最近は文化財の範囲が広がってきて、ますます増えている。明治時代に文化財保護の法律ができた頃は、文化財に指定される建物も、今に比べるとわずかなものでした。その後、どんどん指定される建物が増えて、最近は、明治時代や大正時代の建物にまで、指定の範囲が広がっています。私らが若い頃には明治や大正の建物で文化財になっているものなど、ほとんどなかったはずです。

ピラミッドになぞらえると、飛鳥や奈良時代あたりが頂上のあたりにあって、その下は平安時代、鎌倉時代、室町時代、江戸時代とだんだん大きくなって、さらに、その下には明治時代や大正時代の建物があるという格好ですね。比較的新しい時代の建物でも文化財に指定されるようになってきて、文化財の裾野《すその》が大きく広がった。建物の種類も社寺だけでなく役所や学校、民家、キリスト教の教会、トンネル、駅舎まで文化財になっている。ビキニ環礁《かんしょう》で水爆《すいばく》を受けた第五福竜丸《だいごふくりゅうまる》も文化財に指定されています。これなど、明治、大正どころか戦後です。

そういうものだって立派な文化財なのです。役所でも学校でも、民家でも、また漁船であっても、その時代の文化を映しているのですから、これはこれで文化財です。ただ、今までは、いろいろな事情で、そういうところまで手がまわらなかった。そのため、全体からみれば部分でしかない社寺建築を中心に修理の手をかけてきた。明治の法律制定から昭和四十年ぐらいまでは、民家などはほとんど文化財になっていなかったのです。しかし、その後、全国で一斉に民家調査を実施して、民家もどんどん指定するようになりました。

私らのように古い建物ばかり扱ってきた人間からすれば、明治とか大正とかの建物は棟《むな》札《ふだ》に書いてある大工の名前を見ても、なんや、これならつい最近のおっさんやないかというふ感じで、どうも、いまひとつしっくりこない。

大正時代の建物なんて、その建物を使っていた人が今も生きていたって、ちっとも不思議ではないぐらいですわ。しかし、今はそういうものにまで文化財の範囲が広がってきて、文化財の数がうんと増えているわけです。その意味では専門技術者が一五、六人では少ないとも言える。難しいところですな。

私らのような技術者の立場から言わせてもらえば、古い時代の建物も、新しい時代の建物も、保存修理の手順は基本的には同じです。徹底的に調査をしてその建物の歴史を調べ、変化を明らかにして、今後も長く保つように修理をする。それだけのことです。ただ、建立年代が古ければ、それだけ過去の修理の回数も多くなっているわけですから、よくわからない部分も増えてきて、調べなくてはいけないことも多くなる。また、苦労も多くなるし、苦労が多くなれば、終わった時の喜びもその分だけ大きくなるというわけですわ。

それと、昔の建物は関わっている人間が多い。そういうところも古い建物の味というか、何か、それだけで人を感動させますな。東大寺の大仏殿のような大きなものになると動いた人間は何十万にもなる。今の大仏殿は江戸時代の宝永《ほうえい》年間に再建されたもので、見るものを圧倒する大きさですが、建立当初の大仏殿はもうひとまわり大きかったのです。そんな建物を建てるのですから人手もかかったわけで、全国から人を集め、滋賀県の山奥にあったヒノキの山を禿山《はげやま》にして、宇治《うじ》川から木津《きづ》川を通って平城京まで運んできた。

今はそんなことはやりたくてもできませんよ。人件費なんて考えないでもいい時代だったからできたことです。食べるものと寝るところを用意するぐらいで、大勢の人が働いた。そんな時代は二度と来ないでしょう。東大寺の大仏殿ひとつとっても、そういうエピソードの衣をまとっているわけです。

法隆寺、唐招提寺、薬師寺、興福寺、春日大社と、昔の建物には建築技術という観点からの興味とは別に、この建物ができたのはどんな時代だったのやろかと、歴史への興味まで持たせてくれる。正直、私らのような年代の人間には、文化財とはそういうものやないかという思いが抜けないところがあるようです。そやから明治、大正の文化財と聞いても、ほんとうに古い建物は全部指定してしまい、ネタ切れになって、文化財の範囲を広げただけと違うかと思ったりすることもありますわ。

明治、大正のものでも貴重なことには変わりはないし、文化財に指定しておけば次の時代にも残りますから、それはそれでいいのですが、あんまりインフレになるというのも困りますな。

二度と撮ることができない「写真」の大切さ

保存修理の仕事は、解体調査から始まって、修理方針を定め、それに従って建物を組み立てたところで終わりますが、私らにはその後も大事な仕事がある。調査結果や工事の模様などを修理報告書にまとめんとならんのです。そのために、工事の間はのべつ写真を撮っています。私はカメラを三台使っています。一台はカラー、一台はモノクロ、一台は大判フィルム用です。

全解体の保存修理ともなれば、何千枚も写真を撮ることになります。図面は書くわ、写真は撮るわ、現場も見んならんわで、私らも結構忙しいのです。仕事の多さから言ったら、新築の仕事よりもよほど多いかもしれへん。

私の写真は仕事をしながら覚えた写真です。また、覚えなかったら仕事にならない。そんなにたくさん写真を撮るんやったら、また、そんなに写真が大事やったら、写真の専門家を使ったらええやないかと思うでしょうが、そんなことしたら予算をオーバーしてしまいます。それに、技術に関わる写真ですから、建物のことがわかっている人間でないと勘所を見落としてしまう心配がある。

保存修理の写真は貴重なのです。最初は修理前の姿を写真にするわけですが、これだって失敗したら、もう二度と撮れない。修理の写真はそんなのばかりです。いったん工事が始まったら、どんどん解体して修理をしていくし、最後には組み立ててしまうから、あそこを撮り忘れたから、もう一度解体してくれと頼むわけにもいかない。百年後か二百年後になる次の工事まで待てるのなら、撮り直しができるかもしれないが、その頃までには、この世の中から自分がいなくなっている。

また、AならAという柱の写真には、下のほうにある小さな傷がわかるようなものでないと困るとか、上のほうと下のほうの風食の違いが出ないと困るとか、技術的な観点から見て絶対に落としたくないところもある。二年とか三年とか現場に張り付いて、調査や工事の進行に合わせて、その都度写真を撮り、また、しみのような小さな傷や加工跡も押さえておきたい。こんなややこしいことを引き受けてくれるカメラマンがおりますか。そやから技術者自身がカメラを持って撮影しているのです。

戦後の修理がすぐれている点

そうやって撮り貯めた何千枚もの写真から、修理報告書に載せるものを選び、また同じように図面を整理し、どんな章立てにするか考え、原稿を書いていく。どれも他の人には頼めないことばかりです。誰かに下書きを頼んでも、手を入れるところがたくさん出てくるだろうから、かえって手間がかかってしまう。

ところが、修理報告書にかかる頃には、もう、次の現場が始まっているというわけで、どうしても修理報告書は遅れがちになることが多いようです。工事終了の半年後ぐらいというのが遅れても許される限界ですが、中には、猛烈に忙しいのか、筆が極端に遅いのか、一〇年たっても一五年たっても修理報告書が出てこないということもあります。

修理報告書は三〇〇部、印刷することになっています。発行部数三〇〇部ですわ。欲しい人がたくさんいるとか、お寺さんがたくさん配りたいとかすると、増刷《ぞうさつ》することもありますが、そんな例はまれです。

中身は専門用語のオンパレードで、写真も格好よく見せようと考えて撮ったものではないから、ごく無愛想な絵柄ばかり。図面も同じことで正確に書いてあるだけで、やはり素人《しろうと》が見て楽しいものとは思えません。一般書店に出ることもない。関係者のところに配布するだけです。それでも貴重な資料ですから、法隆寺の修理報告書などは古書店に出ると結構な値段がついていたりするようです。

戦前の修理の報告書もあることはありますが、数は少ないようです。さらにその前になると、明治時代や大正時代の修理報告書はまったくない。どうやら修理報告書を書くようになったのは昭和初期の頃からで、それ以前は書いていなかったようです。そやから、私らが、はて、この前の修理ではどうなっていたんやろと考えて、明治なり大正なりの報告書を見てみたいと思っても、見つかったためしがありません。

私のところにも、あちこちからもらった修理報告書がたくさんあります。数えたことはありませんが、家の裏の書庫に四〇〇部から五〇〇部は納まっている。その他に、仕事場にもたくさん積んである。いつか整理しなくてはあかんなと思っているのですが、いつになったら整理ができるか見当もつきませんわ。

せめて奈良の分だけはすぐに取り出せるように、ひとまとめにしてありますが、それ以外の京都、滋賀、兵庫、大阪などというところになると、簡単にはさがせない状態です。

しかし、修理報告書の一冊一冊にどんな苦労が込められているかわかっていますから、とても簡単に捨てる気になれんのです。

「修理報告書」で絶対にしてはいけないこと

修理報告書を書く時は、無理な断定は禁物《きんもつ》です。証拠も揃ってへんのに、勝手な思い込みや想像でものを言ったら、間違いを次の時代に残すことになってしまうでしょう。百年後、二百年後に保存修理をする人は、当然、前の修理報告書を参考にするでしょうから、修理報告書が間違っていたら、間違ったまま、次の修理が行なわれてしまうことにもなりかねないのです。

わからないところがあったら、ここのところはわからないと書いておけばいいのです。それから先のことは、次の時代の人が考えてくれるでしょう。わかってもいないことをわかったように書くのが一番よくないことですわ。また、自分の考えを紹介しておいたほうが他の人の参考になると思ったら、自分の考えだということがわかるように書いておけばいいのです。

私は自分の考えを言っておきたいところでは、「考察」という項目を立てて、そこに書くことにしています。こうしておけば修理報告書を読む人が間違えることもない。ああ、この修理をした人間はこんなふうに考えたのだなということがわかる。そのあたりがきっちりしていると、事実としてそういうことがわかったのか、それとも、いろいろな可能性のひとつを言っているのか、読む人も判断できるわけです。

文化財の「医者」として

保存修理の技術者は、傷《いた》んだ文化財を治療する医者のようなものです。長い年月を生きていれば体もボロボロになってくるわけで、それを治してやって、治療が終わった後もしばらくは経過を見守る。伝統的な木の建物は手入れさえきちんとしておけば、何百年もの寿命があるのです。

そやから、できるだけ長生きしてもらって、建物に込められている知恵を未来の人に手渡してもらう。悠久《ゆうきゅう》の知恵の受け渡しをお手伝いしているわけです。修理が終わって建物を引き渡す時は、娘を嫁に出す父親のような気持ちですよ。

また、自分が手をかけた建物の近くに行った時は、できるだけ寄るようにしています。アフターケアみたいなものですな。たとえば、新しく板扉をつけた場合、つけた当座はきちんと納まっていても、しばらくすると、どうしても縮んできて、鍵穴がずれてしまい、鍵をかけにくくなったりすることがあるのです。

木が縮むのは木造建築の宿命みたいなものですから、工事が終わった後も、四、五年過ぎて、木が落ち着くまでは安心できません。行けば維持管理にも念を押します。屋根にしてもゴミがたまることが多いですから、せめて年に一度や二度は掃除してほしい。そうすれば屋根の寿命が延びて、雨漏りで建物が傷むようなことも減る。

保存修理をする時は三年とか四年とかの間は、そこに通い詰めているのですから、自然に情が移ります。だから気になって足が向いてしまうわけです。近くを通りかかったら、ちょっと立ち寄って様子を見てみることはよくありますよ。また、そういう気持ちがなかったら、保存修理の仕事を続けることはできません。

これから保存修理の世界に入ってくる若い人たちも、建物への愛情と自分の仕事に対する誇りを忘れないようにしてほしいですね。それが文化財に対する医者の心というものだと思います。

松田氏略歴 昭和7年9月 奈良県桜井市生まれ

年 月	修 理 歴
昭和26年 3月～27年 1月	大神神社摂社大直禰子神社社殿
27年 2月～29年12月	薬師寺東塔（国宝）・南門（重文）
27年12月～30年 8月	十輪院本堂（国宝）・南門（重文）
30年 9月～31年 6月	法華寺鐘楼・南門（重文）
30年10月～31年 6月	般若寺楼門（国宝）
31年 7月～33年 5月	唐招提寺宝蔵（国宝）
33年 6月～35年12月	円成寺本堂・楼門
36年 1月～36年 3月	今西家住宅
36年 4月～37年 3月	法隆寺妻室
37年 4月～40年 7月	南法華寺礼堂
40年 4月～42年10月	海竜王寺西金堂・経蔵
42年11月～44年11月	長岳寺庫裡・楼門（重文）
44年12月～50年 7月	文化財保存課（総務課兼務）
47年 9月～48年 9月	般若寺経蔵
50年 4月～50年 7月	室生寺御影堂
50年 8月～53年 8月	旧臼井家住宅・旧吉川家住宅・旧萩原家住宅・旧鹿沼家住宅・旧木村家住宅
53年 9月～54年 9月	今西家住宅
54年10月～56年 6月	片岡家住宅
56年 7月～56年 9月	文化財保存課勤務
57年10月～58年 3月	菊家家住宅
58年 4月～61年12月	大峯山寺本堂（重文）
58年 7月～58年11月	文化財保存課勤務
62年 1月～平成元年9月	大神神社摂社大直禰子神社社殿
平成元年10月～ 3年 8月	興福院客殿
3年 1月～ 3年 3月	興福寺南円堂
3年 9月～ 5年 3月	春日大社本社・慶賀門・清浄門・回廊（重文）
5年 8月	建築士事務所「松田社寺企画」設立
5年10月～ 7年 8月	奈良市指定文化財芳徳寺本堂修理工事設計監理
5年11月～ 7年 3月	大神神社平成大造営工事非常勤勤務
7年 5月～ 8年11月	昆陽寺本堂新築工事設計監理
7年 7月～ 8年10月	大安寺小子房嘶堂新築工事設計監理
7年11月～13年 6月	竜泉寺八大竜王堂改築工事設計監理
8年 7月～ 9年10月	五條市指定文化財篭池神社本殿・摂社社殿修理設計監理
8年10月～ 9年 5月	昆陽寺行基堂修理工事設計監理
9年10月～10年 3月	十津川村指定文化財茶屋修理工事設計監理
9年11月～13年 3月	身延山久遠寺御真骨堂拝殿修理工事設計監理
11年 1月～12年10月	室生寺五重塔（国宝）
12年 8月～14年 3月	仙台市指定文化財愛宕神社修理工事設計

（この作品『木と語る　匠の知恵』は平成十三年四月、小社ノン・ブックから
四六判で刊行された『室生寺五重塔　千二百年の生命』を改題したものです）

一〇〇字書評

切り取り線

購買動機（新聞、雑誌名を記入するか、あるいは○をつけてください）

□（　　　　　　　）の広告を見て	
□（　　　　　　　）の書評を見て	
□ 知人のすすめで	□ タイトルに惹かれて
□ カバーがよかったから	□ 内容が面白そうだから
□ 好きな作家だから	□ 好きな分野の本だから

●最近、最も感銘を受けた作品名をお書きください

●あなたのお好きな作家名をお書きください

●その他、ご要望がありましたらお書きください

住所	〒				
氏名		職業		年齢	
新刊情報等のパソコンメール配信を 希望する・しない	Eメール	※携帯には配信できません			

あなたにお願い

この本の感想を、編集部までお寄せいただけたらありがたく存じます。今後の企画の参考にさせていただきます。Eメールでも結構です。

いただいた「一〇〇字書評」は、新聞・雑誌等に紹介させていただくことがあります。その場合はお礼として特製図書カードを差し上げます。

前ページの原稿用紙に書評をお書きの上、切り取り、左記までお送り下さい。宛先の住所は不要です。

なお、ご記入いただいたお名前、ご住所等は、書評紹介の事前了解、謝礼のお届けのためだけに利用し、そのほかの目的のために利用することはありません。またそのデータを六カ月を超えて保管することもありませんので、ご安心ください。

〒一〇一‐八七〇一
祥伝社黄金文庫　書評係
☎〇三（三二六五）二〇八〇
ohgon@shodensha.co.jp

祥伝社黄金文庫

祥伝社黄金文庫　創刊のことば

「小さくとも輝く知性」――祥伝社黄金文庫はいつの時代にあっても、きらりと光る個性を主張していきます。

真に人間的な価値とは何か、を求めるノン・ブックシリーズの子どもとしてスタートした祥伝社文庫ノンフィクションは、創刊15年を機に、祥伝社黄金文庫として新たな出発をいたします。「豊かで深い知恵と勇気」「大いなる人生の楽しみ」を追求するのが新シリーズの目的です。小さい身なりでも堂々と前進していきます。

黄金文庫をご愛読いただき、ご意見ご希望を編集部までお寄せくださいますよう、お願いいたします。

平成12年(2000年)2月1日　　祥伝社黄金文庫　編集部

木《き》と語《かた》る 匠《たくみ》の知恵《ちえ》　室生寺《むろうじ》五重塔《ごじゅうのとう》はいかにして蘇《よみがえ》ったか

平成18年6月20日　初版第1刷発行

著者　松《まつ》田《だ》敏《とし》行《ゆき》

発行者　深澤健一

発行所　祥《しょう》伝《でん》社《しゃ》
東京都千代田区神田神保町3-6-5
九段尚学ビル　〒101-8701
☎03（3265）2081（販売部）
☎03（3265）2080（編集部）
☎03（3265）3622（業務部）

印刷所　萩原印刷

製本所　関川製本

ISBN4-396-31406-X　C0195

祥伝社のホームページ・http://www.shodensha.co.jp/

祥伝社黄金文庫

宮元健次　日光東照宮　隠された真実

造営にかかわった、狩野探幽、天海、小堀遠州…彼らを知らずに、東照宮は語れない。

楠戸義昭　醍醐寺の謎

秀吉が死の直前に開いた「醍醐の花見」。なぜ醍醐寺で、なぜその時期に？　数々の謎を解き明かす。

三浦俊良　東寺の謎

五重塔、講堂、不開《あけずの》門…いたるところに秘史と逸話が隠れている。古いものが古いままで新しい！

高野　澄　伊勢神宮の謎

なぜ「内宮《ないくう》」と「外宮《げくう》」に分かれているのか、なぜ二十年ごとに再建されるのか等々、二千年の謎に迫る。

松浦昭次　宮大工《みやだいく》千年の知恵

誇るべき日本の伝統技術。宮大工が培ってきた技と心意気には、私たちが失いかけている日本の美がある。

松浦昭次　宮大工千年の「手と技」

松浦さんの技には「伝統と、ものを生かす」心が脈々としていました―（尾道大本山―浄土寺　住職・小林海暢《かいちょう》